AF599688

101 DEPREDADORES

EXTREMOS

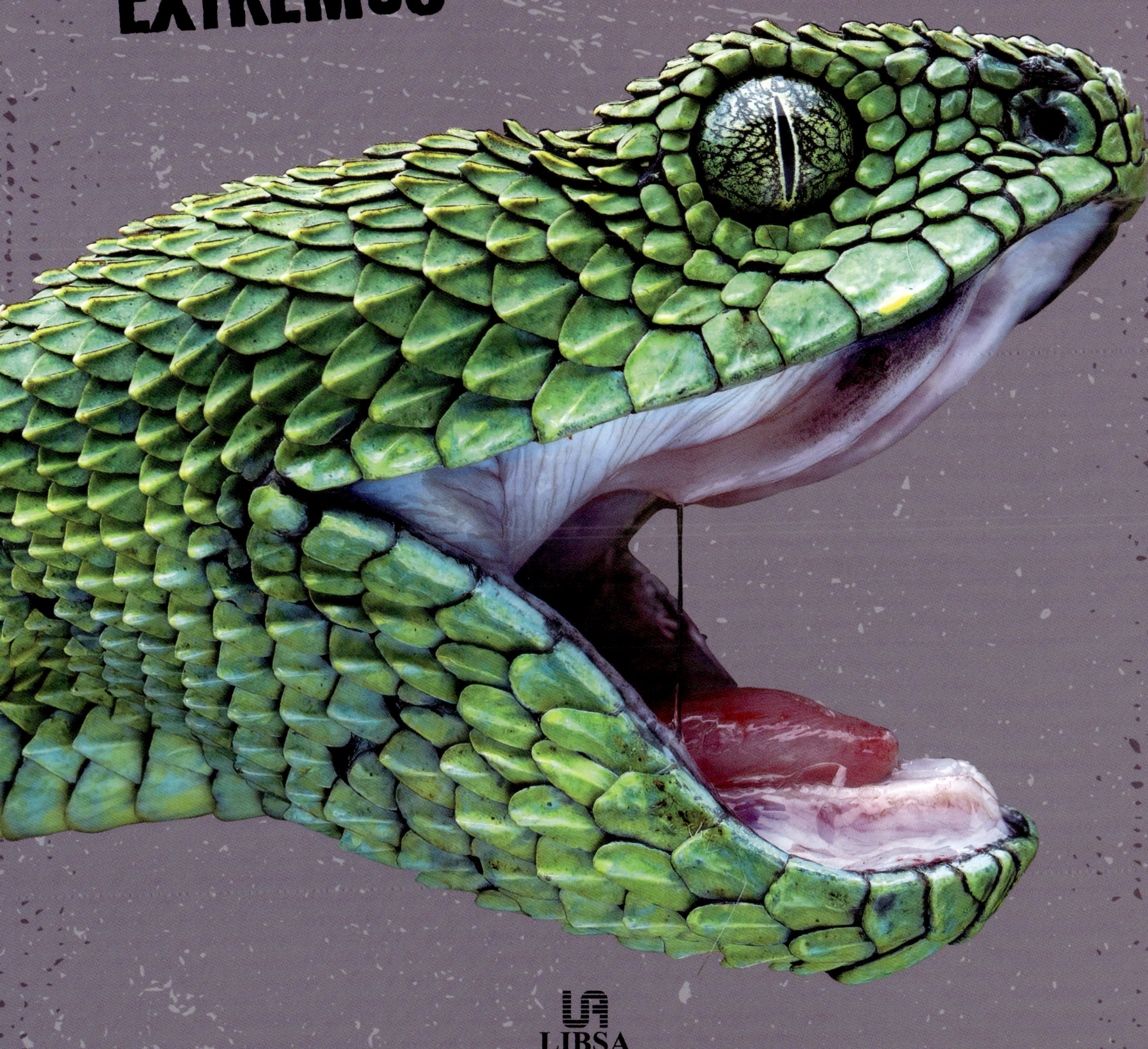

LIBSA

C/ Puerto de Navacerrada, 88
28935 Móstoles (Madrid)
Tel.: (34) 91 657 25 80
e-mail: libsa@libsa.es
www.libsa.es

Textos: Carmen Martul Hernández
Ilustración: Archivo editorial Libsa,
Shutterstock Images
Maquetación: Roberto Menéndez González-
Diseminando Diseño Editorial
ISBN: 978-84-662-4436-7

DL: M-1498-2025

CONTENIDO

BOSQUES Y SELVAS

PRADERAS, SABANAS Y DESIERTOS

MONTAÑAS Y ZONAS POLARES

RÍOS, LAGOS Y PANTANOS

MARES Y COSTAS

1 JAGUAR

Felino imponente

Nombre científico	*Panthera onca*
Peso	de 59 a 96 kg
Actividad	Sobre todo crepuscular

Es el tercer felino más grande del mundo después del tigre y el león, y vive exclusivamente en América.

- Los jaguares acechan y emboscan a sus presas al amanecer y al atardecer, en lugar de perseguirlas como lo hacen los guepardos y los leones. Sus fuertes músculos mandibulares les permiten matar a sus presas perforando el cráneo y el cerebro con sus afilados dientes.

PRINCIPALES PRESAS

 Tapires

 Ciervos

 Capibaras

 Caimanes

 Pecarís

 Anacondas

- Hasta 85 especies están incluidas en su variada dieta, dependiendo de la densidad y la disponibilidad de las presas.

2 BÚHO REAL

Sigiloso cazador de la noche

Es la más grande entre las aves rapaces nocturnas y vive en el continente europeo y en Asia Central.

Nombre científico	*Bubo bubo*
Peso	Hasta 3 kg
Actividad	Nocturna

- Este campeón de caza detecta a sus presas desde un alto y desciende sobre ellas en un rápido vuelo, matándolas con sus garras. Si las presas son grandes, las trocea con su poderoso pico; si son pequeñas, las traga enteras.

PRINCIPALES PRESAS

 Erizos

 Roedores

 Conejos/liebres

 Reptiles

 Otras aves rapaces y no rapaces

 Anfibios

- Aunque no es lo habitual, también caza por sorpresa, volando a baja altura por los claros del bosque y capturando a cualquier animal desprevenido.

3 OSO GRIZZLY

Imponente y rápido

Este solitario cazador vive en las tierras altas de Norteamérica, especialmente en Alaska, en áreas boscosas y preferiblemente cerca de ríos y arroyos.

- Es un hábil cazador que se alimenta de una gran variedad de presas, desde animales grandes, como los renos, hasta peces, como el salmón. Aunque la mayoría de su dieta la componen la miel y los vegetales (raíces y frutos).

- Posee un excelente olfato y no hay que dejarse engañar por su aspecto pesado y su andar torpe, pues es un veloz corredor que puede alcanzar los 56 km/h y también un ágil escalador y nadador.

Nombre científico	*Ursus arctos horribilis*
Peso	150-270 kg
Actividad	Diurna y nocturna

La gran giba de los hombros está formada por masa muscular y le permite aumentar la fuerza de las patas delanteras.

- La madre es muy protectora con sus crías y puede llegar a enfrentarse a cualquiera si siente que están en peligro.

Las patas terminan en enormes y afiladas garras curvadas de hasta 13 cm de largo.

La cabeza es muy ancha y tiene potentes músculos masticadores.

Las orejas son redondeadas y muy pequeñas en comparación con el tamaño de la cabeza.

Cuando se alza sobre sus patas traseras alcanza la altura de una casa de un piso.

PRINCIPALES PRESAS

 Renos/caribús

 Roedores

 Salmones

 Venados

 Crías de bisontes

4 ÁGUILA IMPERIAL IBÉRICA

PRINCIPALES PRESAS

 Conejos

 Roedores

 Grandes lagartos

 Peces

 Aves medianas

De vuelo lento y majestuoso

Esta ave rapaz vive solo en España y Portugal, ocupando desde pinares de montaña hasta dehesas, llegando a dunas y marismas costeras.

Nombre científico	*Aquila adalberti*
Peso	3 kg
Actividad	Diurna

- Cuando descubre una presa, se lanza en picado sobre ella, frenando unos instantes antes de alcanzarla para clavarle las garras.
- La pareja cuenta con un cazadero habitual, cercano y exclusivo, que defiende del resto, y de otro cazadero más lejano que comparte con otras rapaces.

Nombre científico	*Martes martes*
Peso	1,5 kg
Actividad	Nocturna

5 MARTA

Agresiva y muy territorial

Vive en casi toda Europa y en Oriente Próximo, siempre en zonas boscosas.

- Este animal tiene la costumbre de afilarse las garras en el tronco de los árboles, dejando unas marcas muy características en su corteza.
- Después de cazar una presa la traslada a su madriguera para devorarla tranquilamente. Si es muy pesada, se limita a arrastrarla hasta un lugar resguardado. Cuando consigue algún huevo de ave, abre con su garra un agujero alargado en la cáscara y por él sorbe el contenido.

PRINCIPALES PRESAS

- Pequeños roedores
- Insectos
- Aves pequeñas
- Huevos de aves
- Ranas

6 PITÓN REAL

De carácter tímido

Este enorme reptil vive en África central occidental, ocupando hábitats de selva tropical y de sabana húmeda.

PRINCIPALES PRESAS

 Conejos

 Aves

 Cobayas

 Lagartos

 Ratas

Nombre científico	*Python regius*
Peso	1,5 kg
Actividad	Nocturna

- Cuando se siente en peligro se enrolla como una bola, dejando la cabeza y el cuello en el interior, protegidos por el cuerpo.

- Todo en este animal está diseñado para convertirle en un eficaz cazador: su coloración de camuflaje; los sensores de calor del labio superior para localizar a las presas de noche; la gran apertura de las mandíbulas para tragarlas enteras y los dientes curvados hacia atrás, que les impiden escapar.

7 ESCORPIÓN

Nombre científico	*Buthus occitanus*
Peso	Unos 30 gr
Actividad	Nocturna

Peligro bajo las piedras

Esta especie se distribuye por toda la cuenca mediterránea, llegando por el este hasta Arabia.

- Caza al acecho, esperando inmóvil hasta que se acerque alguna presa, a la que mata clavándole la uña venenosa del final de la cola. El veneno paraliza a la presa y, a continuación, el escorpión succiona las partes blandas comestibles.

- La picadura de este escorpión no es mortal para el hombre, pero sí resulta muy dolorosa y sus efectos se pueden prolongar durante 12 horas.

PRINCIPALES PRESAS

 Insectos

 Ciempiés

 Arañas

 Cochinillas

8 FOSA

Cazador implacable

Es el mamífero carnívoro más grande de Madagascar y el depredador dominante en la isla. Vive en zonas boscosas abiertas.

Nombre científico	*Cryptoprocta ferox*
Peso	9,5 kg
Actividad	Diurna y nocturna

- Su estilo de caza es la emboscada: cuando una presa se pone a tiro, la atrapa con las patas anteriores y le clava las garras para inmovilizarla, mordiéndola después con sus afilados dientes para darle muerte.

- Tiene muy desarrollados el oído, el olfato y la vista, lo que le ayuda en la caza. También sus garras retráctiles (se pueden esconder dentro de las patas).

PRINCIPALES PRESAS

 Lémures

 Anfibios

 Aves

 Insectos

 Reptiles

9 RANA FLECHA ROJA Y AZUL

Su color avisa del peligro

Este anfibio venenoso vive en los bosques tropicales de la vertiente caribeña de varios países de América Central, desde Nicaragua hasta Panamá.

Nombre científico	*Oophaga pumilio*
Peso	Unos 3 gr
Actividad	Diurna

- Al igual que otros anfibios, se alimenta de pequeños artrópodos que captura lanzando hacia ellos su lengua pegajosa, como si se tratase de un dardo.

- Además, su piel segrega un potente veneno, mortal para el hombre, que le sirve de defensa contra otros predadores y solo exuda cuando se siente en peligro.

PRINCIPALES PRESAS

 Hormigas

 Moscas

 Ácaros

 Garrapatas

 Grillos

10 TIGRE

Solitario y territorial

Vive exclusivamente en Asia, ocupando zonas boscosas más o menos densas, y preferiblemente en lugares donde haya agua cerca.

PRINCIPALES PRESAS

Cérvidos de gran tamaño

Osos malayos

Monos

Gaviales

Búfalos acuáticos

Pitones

- Caza al rececho y con enorme sigilo, usando su enorme fuerza y corpulencia para golpear a la presa y derribarla. Una vez abatida, la muerde en la parte posterior del cuello para seccionarle la médula espinal, o en la anterior para romperle la tráquea e impedirle respirar.

- Es un excelente nadador, lo que le permite atrapar a sus presas también en el agua.

Nombre científico	*Panthera tigris*
Peso	65-170 kg
Actividad	Nocturna

Cráneo fuerte y redondeado, con mandíbulas poderosas.

Muy buena capacidad de visión nocturna.

Pelaje de camuflaje, con un inconfundible rayado negro o pardo sobre un fondo amarillento o leonado.

La cola mide alrededor de un metro de longitud y mantiene un patrón de franjas.

Sus garras son enormes, llegando a medir casi 8 cm de largo.

- Para abatir a sus presas también se vale de su extraordinaria habilidad para dar saltos de hasta 5 m de altura y 10 m de longitud.

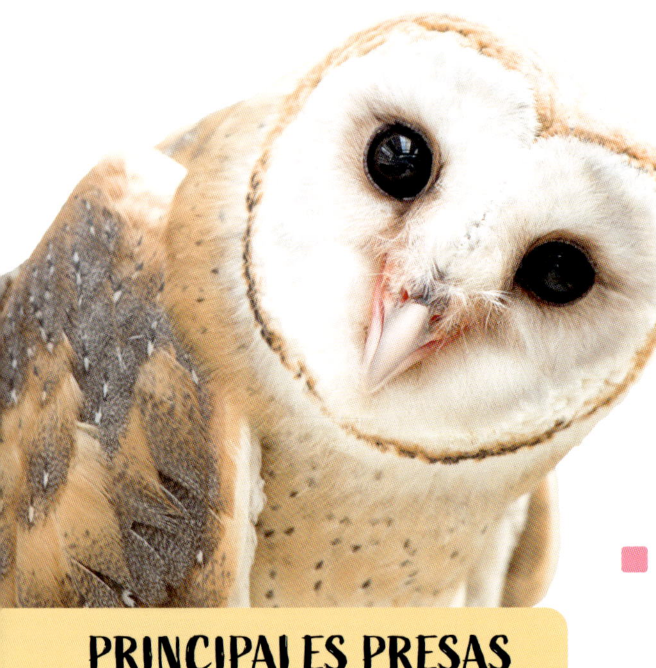

11 LECHUZA COMÚN

Cazadora muy precisa

Esta rapaz de vuelo silencioso se puede encontrar en casi todo el planeta, excepto en las zonas polares y desérticas.

- Cuando llega la noche busca a sus presas en terrenos abiertos, moviendo apenas la cabeza, aunque en otras ocasiones prefiere lanzarse sobre ellas desde una posición elevada. Solo caza de día cuando está criando y tiene que asegurar el alimento a los pollos o cuando la lluvia no le permite cazar durante la noche.

- Su excelente sentido del oído y su aguda vista, incluso en la más completa oscuridad, le sirven de gran ayuda para localizar a las presas de las que se alimenta.

Nombre científico	*Tyto alba*
Peso	350 gr
Actividad	Nocturna

PRINCIPALES PRESAS

 Pequeños roedores

 Anfibios

 Murciélagos

 Insectos

 Aves de pequeño tamaño

12 GATO MONTÉS

Ágil y esquivo

Nombre científico	*Felis sylvestris*
Peso	3-8 kg
Actividad	Crepuscular y nocturna

Este pequeño felino vive en Europa, Asia y gran parte de África, en bosques densos y alejados del hombre.

- Su técnica de caza es al acecho, ya que prefiere el sigilo y las carreras cortas a las largas persecuciones. Cuando localiza una presa espera a que se encuentre desprevenida y entonces da un increíble salto para abalanzarse sobre ella.

PRINCIPALES PRESAS

Roedores

Anfibios

Lirones

Reptiles

Aves pequeñas

13 BOA CONSTRICTOR Trampa mortal

Vive en las regiones tropicales de América, especialmente en la cuenca del Amazonas, y su hábitat natural son las selvas, siempre cerca de cursos de agua.

Nombre científico	*Boa constrictor*
Peso	10-15 kg
Actividad	Nocturna

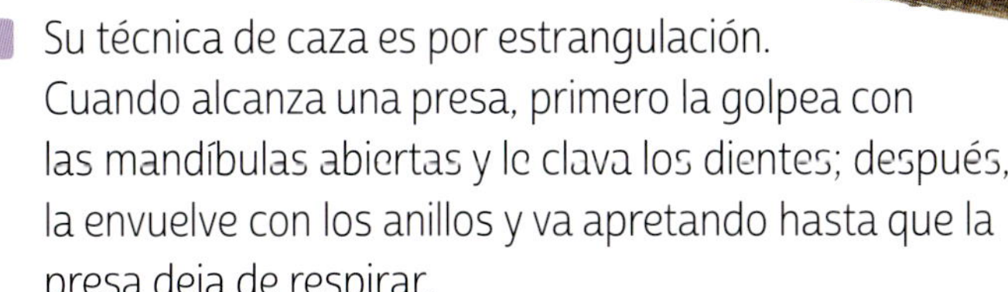

- Su técnica de caza es por estrangulación. Cuando alcanza una presa, primero la golpea con las mandíbulas abiertas y le clava los dientes; después, la envuelve con los anillos y va apretando hasta que la presa deja de respirar.
- Localiza a sus presas mientras permanece escondida entre las ramas de los árboles. Pero no lo hace con la vista, que es bastante mala, sino con unos receptores de calor que tiene en las escamas que rodean la boca.
- La boa se traga a sus presas enteras, ya que las mandíbulas solo están unidas por ligamentos elásticos que le permiten una amplia apertura.

PRINCIPALES PRESAS

 Murciélagos

 Aves de mediano tamaño

 Zarigüeyas

 Lagartos

 Ardillas y ratas

La cabeza tiene forma triangular y se distingue bien del cuerpo.

El dorso es de color bronce o gris, con manchas marrones y una línea oscura que parte del hocico y recorre todo el cuerpo.

La lengua le sirve para captar los olores y transmite las sensaciones a un órgano situado entre la nariz y la boca.

Los ojos son pequeños, sin párpados y con la pupila vertical.

14 CAMALEÓN COMÚN Una lengua infalible

Nombre científico	*Chamaeleo chamaeleon*
Peso	10-120 gr
Actividad	Diurna

Se distribuye por la cuenca mediterránea europea y africana, y por el sur de Anatolia, en pinares y formaciones de maquis.

- Es un cazador infalible: acecha inmóvil en la rama de un árbol hasta que la presa se pone a su alcance. Entonces usa su lengua pegajosa como un proyectil para capturarla.

- En la caza le ayuda mucho su capacidad para variar el color del cuerpo y hacer que se camufle con el entorno.

PRINCIPALES PRESAS

 Grillos

 Larvas

 Moscas

 Cucarachas

 Saltamontes

15 COMADREJA Rápida y solitaria

Nombre científico	*Mustela nivalis*
Peso	30-250 gr
Actividad	Crepuscular y nocturna

Es el mamífero carnívoro más pequeño que existe y vive en Europa, Asia y Norteamérica, desde los fríos bosques siberianos hasta los cálidos mediterráneos.

- La forma de su cuerpo, alargada, estrecha y flexible, le ayuda en la caza, pues le permite introducirse y moverse por las madrigueras de sus presas favoritas.

- Es capaz de capturar animales que superan en 15 veces su peso. Y no solo atrapa a los que viven en el suelo o en galerías subterráneas, sino que también puede trepar y nadar con mucha habilidad.

PRINCIPALES PRESAS

 Ratas y ratones

 Reptiles

 Conejos y liebres

 Insectos

 Pequeñas aves

 Huevos

16 SERPIENTE DE CORAL

De carácter tranquilo

Vive en el continente americano, desde el sur de Estados Unidos hasta el norte de Argentina.

- Cuando localizan una presa, se acercan lentamente y la muerden por sorpresa, inyectándole su poderoso y letal veneno.

- No es agresiva, pero si se siente en peligro, oculta la cabeza entre los anillos y levanta la cola, haciéndola oscilar para simular que es la cabeza. Con eso entretiene al atacante, que no fija su atención en la verdadera cabeza y en sus colmillos venenosos.

PRINCIPALES PRESAS

 Culebrillas ciegas

 Insectos

 Lagartos

 Peces

 Otras serpientes pequeñas

Nombre científico	*Micrurus sp.*
Peso	1 kg
Actividad	Crepuscular y nocturna

17 VIUDA NEGRA AMERICANA

Venenosa y caníbal

Vive en Estados Unidos y México, pero las actividades humanas la han introducido en América del Sur.

- Fabrica una telaraña irregular y gruesa que se convierte en una trampa mortal para la presa que cae en ella. Cuando esta queda enredada entre sus hilos, la araña se acerca y suelta más hilo para envolverla por completo y, cuando la tiene inmovilizada, la muerde y le inyecta su mortal veneno.

PRINCIPALES PRESAS

 Escarabajos

 Moscas

 Mosquitos

 Saltamontes

 Chinches de la madera

Nombre científico	*Latrodectus mactans*
Peso	0,2-1 gr
Actividad	Nocturna

- El nombre de este animal se debe a que la hembra atrapa al macho en su tela tras el apareamiento y lo devora.

Nombre científico	*Sarcophilus harrisii*
Peso	5-14 kg
Actividad	Crepuscular y nocturna

18 DEMONIO DE TASMANIA

Un aspecto muy fiero

- Posee una mandíbula muy fuerte y una mordida extraordinariamente potente para su tamaño.

Es el marsupial carnívoro más grande de la actualidad. Vive únicamente en la isla de Tasmania, en zonas de vegetación muy densa.

- Tiene muy desarrollados los sentidos del olfato y el oído, con los que localiza sus presas o la carroña de la que también se alimenta.

PRINCIPALES PRESAS

 Ratas canguro

 Ranas

 Serpientes

 Peces

 Lagartos

 Carroña

19 TARÁNTULA EUROPEA

Agresiva y muy territorial

Vive en el sur de Europa, especialmente en la región italiana de Apulia.

- El sistema para inyectar el veneno con el que mata a sus presas, y también se defiende, consiste en clavarles unas piezas especiales de la boca que se llaman quelíceros; en su interior están huecos y se conectan con las glándulas productoras del veneno.

- Para cazar, generalmente monta guardia a la entrada de la cueva que le sirve de refugio. Detecta la presencia de una presa por las vibraciones del suelo y la captura clavándole los quelíceros para inyectarle veneno y matarla.

PRINCIPALES PRESAS

 Saltamontes

 Mosquitos

 Cucarachas

 Moscas

 Otras arañas pequeñas

Nombre científico	*Lycosa tarantula*
Peso	130 gr
Actividad	Nocturna

20 LAGARTO OCELADO

Con hermosos colores

Vive en el suroeste de Europa y el noroeste de África, en zonas soleadas de bosque mediterráneo. Es el lagarto europeo más grande.

PRINCIPALES PRESAS

 Pequeños roedores

 Arañas

 Escarabajos

 Caracoles

 Ciempiés

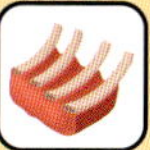 Carroña

- Busca y persigue a sus presas y, cuando las alcanza, las muerde con enorme fuerza, pues sus mandíbulas son muy potentes.

- El macho es muy territorial y agresivo, especialmente durante la primavera, cuando comienza la época de celo. Entonces, defiende con fiereza el área circundante a su guarida, de la que no suele alejarse más de unos 50 m.

Nombre científico	*Timon lepidus*
Peso	Algo más de 500 g
Actividad	Diurna

21 OCELOTE

Cazador silencioso

Este pequeño felino vive en los bosques tropicales y las selvas que se extienden por México y América del Sur.

PRINCIPALES PRESAS

 Monos pequeños

 Aves

 Conejos

 Iguanas

 Zarigüeyas

- Caza en solitario o en grupos familiares y bien acechando a sus presas, o sentándose a esperarlas.

- Este animal, que tiene el tamaño de un perro pequeño, localiza a sus presas con la ayuda de su excelente vista y oído, además de su olfato muy desarrollado.

Nombre científico	*Leopardus pardalis*
Peso	8-16 kg
Actividad	Crepuscular y nocturna

22 DRAGÓN DE KOMODO El gigante de Java

Es el lagarto de mayor tamaño entre todos los que han existido en nuestro planeta. En la actualidad solo vive en algunas islas e islotes cercanos a Java.

- Es un hábil cazador que para capturar a sus presas se desliza silenciosamente hasta ellas y las acecha a pocos metros de distancia. En el momento adecuado, se lanza sobre el cuello o el vientre de la presa, la sujeta con las patas anteriores y comienza a desgarrar grandes pedazos de carne que traga enteros.

- La mayor parte de su dieta la compone la carroña (animales muertos o agonizantes), que puede oler desde casi 10 km de distancia.

PRINCIPALES PRESAS

Ciervos

Aves

Monos

Serpientes

Ratas

Carroña

- Ni su oído ni su vista están especialmente desarrollados, pero sí el olfato, que se localiza en su lengua. Con ella percibe olores y sabores, y capta estímulos que le ayudan a orientarse.

La longitud de su cuerpo puede oscilar entre 2 y 3 metros.

La lengua es larga y bifurcada.

La cola es gruesa y muy fuerte, y es tan larga como la cabeza y el cuerpo juntos. La usa como arma, como soporte e incluso para nadar.

Las patas son cortas y fuertes, y terminan en dedos con largas uñas.

Nombre científico	*Varanus komodoensis*
Peso	68-90 kg
Actividad	Atardecer

- En cada comida puede ingerir hasta el 80 % de su peso corporal. Este hecho, unido a la lentitud de su metabolismo, hace que le baste con realizar unas 12 comidas al año.

23 CECILIA DE THOMPSON

Nombre científico	*Caecilia thompsoni*
Peso	1 kg
Actividad	Nocturna

Falsa serpiente

Este voraz anfibio sin patas y de aspecto similar al de un gusano vive en los bosques tropicales del valle del río Magdalena, en Colombia.

- La boca está armada con cuatro hileras de dientes puntiagudos (dos arriba y dos abajo), similares a finas agujas, y una saliva que contiene sustancias venenosas. La combinación de ambas características resulta una inestimable ayuda para matar a sus presas.

PRINCIPALES PRESAS

 Grillos

 Lombrices

 Termitas

 Hormigas

 Huevos de otros anfibios

- Como este animal carnívoro no cuenta con extremidades que la puedan ayudar en la caza, todo su potencial de ataque se concentra en la boca.

24 AVISPA ARAÑA

Picadura dolorosa

Este insecto recibe este nombre tan particular porque el alimento que proporciona a sus larvas son exclusivamente arañas.

- Después de paralizar y matar a la araña, algunas especies realizan la puesta de los huevos directamente en el vientre de su víctima, mientras que otras arrastran a su presa hasta el nido y la almacenan para ir alimentando poco a poco a las larvas. Solo unas pocas especies son parásitas y realizan la puesta sobre la araña viva.

- Todas las especies de avispa araña se lanzan sobre su presa, le clavan el aguijón y le inyectan un veneno que las paraliza durante días.

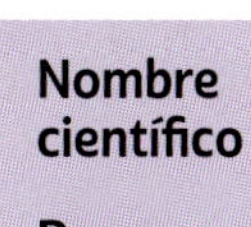

PRINCIPALES PRESAS

 Arañas

 Tarántulas

Nombre científico	*Pompilidae*
Peso	Variable
Actividad	Diurna

25 HORMIGA LEGIONARIA

Inquieta y voraz

Vive en los suelos boscosos de América, Europa y norte de África.

- Es un animal muy voraz, que se desplaza formando grupos muy numerosos o «columnas de ataque», formados por millones de individuos, que pueden alcanzar hasta 20 m de ancho y 200 m de largo.

PRINCIPALES PRESAS

 Orugas

 Pequeñas arañas

 Saltamontes

 Ciempiés

 Pulgas

- En sus incursiones, la marabunta de hormigas mata y devora todos los pequeños animales que encuentra a su paso e, incluso, los digiere mientras los despedaza.

Nombre científico	*Formicidae*
Peso	Variable
Actividad	Diurna

26 MUSARAÑA COLICUADRADA

Minúscula e infatigable

Esta especie vive en los bosques de montaña y en las zonas de matorral denso de casi toda Europa.

- Para cazar a sus presas se ayuda de sus dientes, que son muy afilados y le permiten atravesar los caparazones más duros, y de su saliva, que contiene una sustancia paralizante que hace posible el ataque a las presas de mayor tamaño.

Nombre científico	*Sorex araneus*
Peso	Unos 15 gr
Actividad	Crepuscular y nocturna

PRINCIPALES PRESAS

 Insectos

 Lombrices

 Caracoles

 Ciempiés

 Arañas

La cola es corta, con una borla negra en el extremo.

Patas largas terminadas en dedos con afiladas y fuertes uñas retráctiles.

27 LINCE IBÉRICO

Ágil y sigiloso

Nombre científico	*Linx pardinus*
Peso	7-16 kg
Actividad	Crepuscular y nocturna

Este felino, inconfundible por el pincel de pelos negros de las orejas, vive en las zonas de bosque y matorral mediterráneo de la Península Ibérica.

- Lo habitual es que cace al rececho. Cuando localiza a una presa, se esconde entre los matorrales y se va aproximando con enorme sigilo; en el momento adecuado, salta sobre ella con extraordinaria rapidez y la mata de un mordisco en la nuca.

- Aunque no es lo más habitual, en ocasiones también caza al acecho, esperando hasta que se acerque alguna víctima.

- Suele localizar a sus presas por el oído, pues su vista, aunque buena, no es tan excepcional como se cree popularmente.

Pelaje que varía de pardo a amarillo, grisáceo o rojizo, con numerosas manchas negras de pequeño tamaño.

PRINCIPALES PRESAS

 Conejos/ liebres

 Aves pequeñas

 Patos

 Reptiles

 Cervatillos jóvenes

Orejas puntiagudas terminadas en un pincel de pelos negros y rígidos.

Patillas negras o blanquecinas que cuelgan a ambos lados de las mejillas.

28 CERNÍCALO

Certera ave de presa

Esta pequeña ave de presa vive preferentemente en zonas abiertas y de matorral poco denso de Europa, Asia y África.

- Su técnica de vuelo para avistar las presas es singular: abre la cola en abanico y realiza un fuerte y rápido aleteo que le permite permanecer casi inmóvil en el aire, a unos 10-20 m de distancia del suelo.

PRINCIPALES PRESAS

- Roedores
- Escarabajos
- Pequeñas aves
- Lombrices de tierra
- Lagartijas

Nombre científico	*Falco tinnunculus*
Peso	150-190 gr
Actividad	Diurna

- Cuando localiza una presa, se precipita en picado hacia ella, a veces en un vuelo casi vertical, y la atrapa con sus garras.

29 HIENA MANCHADA

Carroñera de la sabana

- Una parte de su alimentación se basa en los restos de animales muertos (carroña) que dejan leones y licaones.

Su hábitat característico es la sabana, incluso la semidesértica, que se extiende por el África subsahariana.

Nombre científico	*Crocuta crocuta*
Peso	45-90 kg
Actividad	Crepuscular y nocturna

- Caza presas vivas, incluso del tamaño de una cebra o un ñu, formando grupos numerosos dirigidos por una hembra dominante. Cuando localizan una víctima, la persiguen y acosan hasta que cae agotada. Sus fuertes mandíbulas y dientes les permiten triturar hasta los huesos.

PRINCIPALES PRESAS

- Cebras
- Facoceros
- Ñus
- Huevos de avestruz
- Gacelas
- Reptiles

30 LEÓN

Poderoso comedor de carne

Este félido, el segundo más grande después del tigre, vive únicamente en el África subsahariana, ocupando las sabanas abiertas y boscosas.

Lo habitual es que cace en grupos formados por hembras. Acechan a su presa desde una posición protegida, a no más de 30 m de distancia. En el momento oportuno, lanzan un ataque veloz, rápido y coordinado y saltan sobre su presa, rompiéndole el cuello o matándola por estrangulación.

PRINCIPALES PRESAS

 Cebras

 Facocero

 Elands

 Búfalos cafre

 Kudús

 Impalas

Nombre científico	*Panthera leo*
Peso	130-190 kg
Actividad	Crepuscular y nocturna

Si la presa no es muy grande, las cazadoras la devoran en el mismo lugar, compitiendo entre ellas para devorar lo máximo posible. Pero si es grande, suelen arrastrarla al territorio que ocupa la manada y habitualmente el león se «adueña» de ella. Si el cazador es el león, no comparte su caza con nadie.

31 CHACAL DE LOMO NEGRO

Agresivo y voraz

Vive en las sabanas abiertas y en las zonas boscosas claras del oeste de África central y en el sur del continente.

Nombre científico	*Lupulella mesomelas*
Peso	5-10 kg
Actividad	Nocturna

- Cuando caza lo hace solo o en pareja, pero lo más frecuente es que siga a los leones y a otros grandes carnívoros para aprovechar los despojos que estos dejan de sus capturas.

- Su complexión ligera y sus largas patas le convierten en un buen corredor de largas distancias, una característica que aprovecha para la caza. Su excelente oído le ayuda a detectar a las presas.

PRINCIPALES PRESAS

- Huevos de aves
- Reptiles
- Roedores
- Insectos
- Carroña

32 MANGOSTA COMÚN

Nombre científico	*Herpestes ichneumon*
Peso	Unos 2,5 kg
Actividad	Diurna y nocturna

Matador de serpientes

Vive en la mayor parte de África, en la península Ibérica y en la del Sinaí, ocupando sabanas y zonas arboladas, siempre cerca del agua.

- Una de sus presas favoritas son las serpientes, incluso las venenosas. Aunque no es inmune a su veneno, se atreve a atacarlas y matarlas esquivando con habilidad su letal mordedura.

- Suele cazar en grupos integrados por entre 2 y 8 individuos, que localizan a su presa por el olfato y se lanzan con rapidez sobre ella, mordiéndola y arrancándole trozos de carne mientras aún está viva.

PRINCIPALES PRESAS

 Conejos

 Aves pequeñas

 Roedores (ardillas, ratones. . .)

 Peces

 Serpientes

 Cangrejos

33 COBRA REAL

Temible cazadora

Se trata de la serpiente venenosa más grande que existe. Vive en la India, el sureste asiático, Indonesia y Filipinas.

- Sus principales presas son otras serpientes, a las que mata mordiéndolas con sus colmillos, que miden hasta un centímetro y medio de largo, inyectándoles su potente veneno. Si la presa es grande, la cobra puede pasar varios meses sin tener que alimentarse.

- En una única mordedura, la cobra real adulta puede llegar a inocular 500 miligramos de veneno. Incluso las crías son venenosas y muy agresivas.

PRINCIPALES PRESAS

 Lagartos

 Cobra india

 Aves

 Serpiente pitón

Nombre científico	*Ophiophagus hannah*
Peso	12 kg
Actividad	Diurna

34 FENECO

El zorro del desierto

Este pequeño carnívoro, de orejas desproporcionadamente grandes, vive en los desiertos del norte de África y Arabia.

- Aunque suele vivir en pequeños grupos, la caza la lleva a cabo en solitario y de noche, empleando sus grandes orejas para localizar a las posibles presas. Si estas se encuentran enterradas en la arena, cavan con sus cuatro patas para dejarlas al descubierto.

Nombre científico	*Vulpes zerda*
Peso	0,6-1,6 gr
Actividad	Nocturna

PRINCIPALES PRESAS

Ratas y ratones

Huevos de aves

Pequeñas aves

Lagartos

 Langostas (insectos)

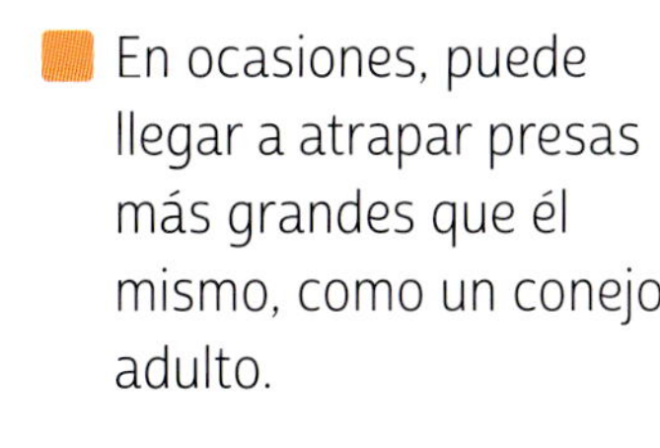

- En ocasiones, puede llegar a atrapar presas más grandes que él mismo, como un conejo adulto.

35 HALCÓN PEREGRINO

Rápido matador

Esta rapaz se adapta a los hábitats más diversos y se la puede encontrar en casi todo el mundo, excepto en las regiones polares.

- Caza en sorprendentes picados casi verticales, con las alas plegadas y a una velocidad sorprendente. De ese modo captura tanto aves de vuelo rápido, como las palomas, como a otras de vuelo menos enérgico, pero más ágil.

PRINCIPALES PRESAS

 Otras aves

 Lagartijas

 Pequeños mamíferos

 Insectos

- Está considerado el animal más rápido del mundo, ya que cuando caza y realiza un ataque en picado puede llegar a alcanzar una velocidad de 300 km/h.

Nombre científico	*Falco peregrinus*
Peso	0,30-1,5 kg
Actividad	Diurna

36 TEJÓN

Lento pero preciso

Vive tanto en pastizales como en zonas semiáridas, de alta montaña o boscosas y se distribuye por Europa y el oeste de Asia.

Nombre científico	*Meles meles*
Peso	12 kg
Actividad	Nocturna

- Aunque habitualmente es un animal de movimientos lentos, cuando se trata de salir a cazar puede llegar a correr con relativa rapidez; también nada bien y trepa con cierta habilidad. Si la presa se esconde bajo tierra, no duda en cavar el suelo con sus largas y afiladas uñas hasta que la deja al descubierto.

- Posee un magnífico oído y olfato, que le sirven para localizar a sus presas. Como es de hábitos nocturnos, su vista no es demasiado buena.

PRINCIPALES PRESAS

 Pequeños mamíferos

 Lagartijas

 Carroña

 Abejas

 Lombrices de tierra

37

LEOPARDO

Vestido de camuflaje

Su gran capacidad de adaptación le permite ocupar hábitats muy diversos, desde la sabana y la selva hasta lugares desérticos. Vive en África y algunas partes de Asia.

Nombre científico	*Panthera pardus*
Peso	23-31 kg
Actividad	Diurna y nocturna

Cabeza voluminosa y de forma redondeada.

Pelaje denso, marcado por manchas negruzcas en forma de roseta sobre un fondo amarillo.

Patas vigorosas, algo cortas en comparación con el cuerpo, terminadas en dedos provistos de garras retráctiles.

Cuerpo alargado y robusto, terminado en una cola larga y fina.

- El color del pelaje le ayuda a camuflarse con el entorno mientras espera la aparición de una presa, la acecha y se acerca sigilosamente hasta ella. También puede tenderle una emboscada desde lo alto de un árbol.

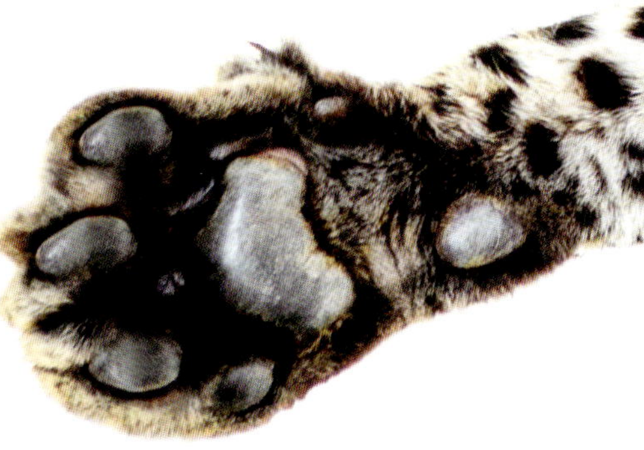

- El leopardo es un cazador oportunista, es decir, come lo que encuentra y se alimenta de una gran variedad de presas.

- Cuando se lanza sobre una presa de gran tamaño la sujeta con las garras por la garganta, provocando la muerte por estrangulación. Si la presa no es demasiado grande, la mata de un mordisco en el dorso del cuello.

- Suele almacenar sus presas en los árboles para dejarlas fuera del alcance de otros predadores y de los carroñeros.

PRINCIPALES PRESAS

 Antílopes

 Licaones

 Cebras

 Aves

 Monos

 Reptiles

38 AVISPA DE DARWIN

Nombre científico	*Ichneumonidae*
Peso	3-5 mg
Actividad	Diurna

Asesina silenciosa

Este insecto parasitoide se encuentra ampliamente distribuido por todo el planeta, excepto en la Antártida.

- La hembra realiza la puesta de los huevos en el exterior del cuerpo o dentro de la cavidad corporal de un invertebrado, sin matarle.

PRINCIPALES PRESAS

 Cucarachas
 Abejas
 Mariposas
 Hormigas
 Escarabajos

- Cuando el huevo eclosiona y sale la larva, se alimenta primero de los nutrientes del huésped, que sigue vivo; después de sus reservas de grasa y finalmente devora sus órganos internos, produciéndole la muerte.

39 COYOTE

Aullador nocturno

Es el carnívoro más abundante en las grandes praderas que se extienden desde Alaska hasta Costa Rica, en el continente americano.

Nombre científico	*Canis latrans*
Peso	7-21 kg
Actividad	Crepuscular y nocturna

- Cuando la presa es grande, este animal suele cazar acompañado de la pareja a la que se une de por vida o formando un grupo pequeño, que emplea técnicas muy elaboradas para acosar a su víctima y perseguirla velozmente hasta que cae agotada.

- La caza la lleva a cabo en solitario cuando se trata de una presa pequeña, a la que acecha sigilosamente para lanzarse después sobre ella.

PRINCIPALES PRESAS

 Bisontes
 Roedores
 Cabras
 Patos
 Conejos
 Reptiles

40 SERVAL

Feroz e inteligente

Vive habitualmente en las praderas de hierbas altas, pero también en sabanas y zonas semidesérticas de África.

PRINCIPALES PRESAS

 Antílopes pequeños

 Roedores

 Liebres

 Aves

 Damanes

 Ranas

Nombre científico	*Leptailurus serval*
Peso	Unos 12 kg
Actividad	Nocturna

- Cuando caza, el serval puede llegar a dar saltos de hasta 3,5 m en horizontal y 1,5 m de altura, lo que le permite capturar aves en pleno vuelo.

- Detecta a sus presas ayudándose de la vista y el oído, que están muy desarrollados. Cuando localiza a alguna, la ataca de forma repentina y salta sobre ella con tal fuerza y precisión que la mata o la aturde con el impacto.

41 TAIPÁN DEL INTERIOR

Tímida y poco agresiva

Nombre científico	*Oxyuranus microlepidotus*
Peso	Hasta 2 m
Actividad	Diurna

Se trata de la serpiente terrestre más venenosa del mundo y habita exclusivamente en Australia.

- Su método de caza consiste en propinar a su presa varias mordeduras rápidas, inyectando en cada una de ellas una cantidad pequeña de veneno hasta alcanzar el límite que sea necesario para producir su muerte.

PRINCIPALES PRESAS

 Ratas

 Aves pequeñas

 Bandicuts

 Lagartos

- El veneno que inocula esta serpiente al morder es tan potente que puede llegar a matar a más de 250 000 ratones y a 300 personas adultas. El tiempo de supervivencia de un ser humano tras ser mordido por una taipán es de solo 45 minutos.

42

MANTIS RELIGIOSA

Hábitos caníbales

Este insecto vive generalmente en praderas y estepas y su área de distribución abarca Europa, Asia y norte de África.

- Se trata de un animal extremadamente voraz, que caza a sus presas al acecho, permaneciendo inmóvil y con las patas juntas, recogidas delante de la cabeza.
- Cuando un insecto se posa junto a ella, le lanza las patas delanteras y lo sujeta con las espinas que tienen estas. Inmediatamente comienza a devorar a su víctima, incluso si todavía sigue viva.

Tras el apareamiento la hembra se vuelve muy agresiva y, en ocasiones, devora al macho.

Dos ojos compuestos muy grandes y saltones, situados lateralmente en la cabeza. Entre ellos hay tres ojos simples más pequeños.

Cabeza de pequeño tamaño y forma triangular, dotada de gran movilidad.

- Se sirve de la coloración de su cuerpo para pasar inadvertida entre el follaje y de su excelente vista para detectar a las presas.

Nombre científico	*Mantis religiosa*
Peso	10-20 gr
Actividad	Diurna

Primer par de patas muy desarrollado, de gran longitud y robustez, provistas de espinas.

Cuerpo alargado y con una coloración general verde o amarillenta.

PRINCIPALES PRESAS

 Polillas

 Saltamontes

 Hormigas

 Moscas

 Grillos

43 DINGO

Este carnívoro vive exclusivamente en Australia, ocupando zonas de pradera o parajes semidesérticos.

Nombre científico	*Canis lupus dingo*
Peso	10-15 kg
Actividad	Nocturno

El perro salvaje australiano

- Es un depredador oportunista y generalista, es decir, que come todo lo que encuentra disponible, incluso se acerca a los enclaves humanos para conseguir alimento en los vertederos.
- Si las presas son pequeñas, el dingo caza en solitario. Pero si se trata de animales más grandes, como los canguros, lo hace en grupo, utilizando una técnica muy similar a la del lobo europeo.

PRINCIPALES PRESAS

 Canguros

 Conejos

 Gansos

 Lagartos

 Ratas

 Ranas

44 ZORRO COMÚN

Astuto cazador

Este pequeño carnívoro vive en el hemisferio norte del planeta y se adapta bien a una gran variedad de hábitats, incluso a zonas cercanas a poblaciones humanas.

- Es un animal muy bien dotado para la caza, con un excelente oído, gran memoria y un perfecto conocimiento de su territorio.
- Caza en solitario empleando dos técnicas distintas según la situación: puede acechar a su presa y en el momento conveniente atraparla tras una carrera corta, o localizarla entre la espesura y lanzarse sobre ella con un gran salto.

PRINCIPALES PRESAS

 Conejos

 Reptiles

 Roedores

 Insectos

 Aves

Nombre científico	*Vulpes vulpes*
Peso	2-14 kg
Actividad	Crepuscular y nocturna

45 LICAÓN

Implacable perseguidor

Vive en África, en las sabanas abiertas o boscosas, aunque también se le puede ver en zonas montañosas.

Nombre científico	*Lycaon pictus*
Peso	22 kg
Actividad	Diurna

- Es un animal muy sociable que vive en manadas que colaboran en las tareas de caza. Cuando la jauría decide la presa que va a atrapar, la persigue implacablemente durante largas distancias hasta que logra que caiga extenuada.

- Para descubrir a sus presas se vale de la vista, el olfato y el oído, sentidos que tiene muy desarrollados.

PRINCIPALES PRESAS

 Gacelas

 Facoceros

 Impalas

 Avestruces

 Kudús

 Ñus

46 OSO HORMIGUERO GIGANTE

Un cazador muy glotón

Vive en las sabanas y bosques poco densos desde México hasta Argentina.

Nombre científico	*Myrmecophaga tridactyla*
Peso	27-41 kg
Actividad	Diurna y nocturna

- Para conseguir los insectos de los que se alimenta, destroza los hormigueros con las afiladas uñas de sus patas delanteras y cuando las hormigas salen a defender la colonia, las atrapa con su larguísima lengua, que está recubierta de una saliva pegajosa.

- Utiliza su desarrollado olfato para localizar su alimento.

PRINCIPALES PRESAS

 Termitas

 Hormigas

47 GUEPARDO

Campeón de velocidad

Vive en las sabanas, estepas y desiertos de la mayor parte de África y en ciertos enclaves de la península Arábiga y Asia.

- Tiene una vista extraordinaria, que le permite seleccionar y observar a sus presas desde la distancia.
- Se acerca a su presa con sigilo, aprovechando el perfecto camuflaje que le proporciona su pelaje moteado. Cuando el momento es propicio, se lanza a una acelerada carrera para abatirla. Es capaz de alcanzar los 120 km/h, lo que le convierte en el animal terrestre más veloz, pero solo puede mantenerla poco tiempo, por lo que, si no alcanza a su presa en menos de 400 m, abandona la persecución.
- Una vez que atrapa a su presa, la arrastra hasta un lugar resguardado y sombreado para que no se la roben las hienas o felinos más grandes, como el león.

El pelo es más largo en la nuca y en el dorso del cuerpo, dando la apariencia de una crin.

Pelaje amarillo ocre salpicado de multitud de manchas oscuras.

Nombre científico	*Acinonyx jubatus*
Peso	21-72 kg
Actividad	Diurna

Cola larga, con una longitud casi igual a la mitad del cuerpo.

Patas extraordinariamente largas y finas, adaptadas a la carrera, y terminadas en garras semirretráctiles.

Cabeza pequeña y redondeada, con dos bandas negras laterales que van desde el ojo a los labios.

PRINCIPALES PRESAS

 Gacelas de Thomson

 Cebras

 Impalas

 Liebres

 Ñus

 Perdices

48 PUMA El león americano

Es el segundo felino más grande del continente americano y el cuarto del mundo.

- El puma es un cazador de emboscada, que se esconde entre la vegetación o espera sobre un saliente rocoso. Cuando su presa se acerca, da un poderoso salto para aterrizar sobre su parte trasera y derribarla, y la muerde en el cuello, provocándole la muerte por asfixia.
- Una vez conseguida la presa, suele arrastrarla hasta un lugar protegido y la devora parcialmente. Cubre los restos con hojas y ramas y regresa al cabo de unos días para continuar alimentándose.

Nombre científico	*Puma concolor*
Peso	34-72 kg
Actividad	Crepuscular

PRINCIPALES PRESAS

 Ciervos

 Puercoespines

 Guanacos

 Ratones

 Coyotes

 Aves

49 GLOTÓN Un cazador malhumorado

Nombre científico	*Gulo gulo*
Peso	9-25 kg
Actividad	Principalmente nocturna

Vive en las grandes extensiones de taiga y tundra que cubren el extremo norte de los continentes europeo, asiático y americano.

- El glotón es un perseguidor tenaz y obstinado, que cuando encuentra la pista de alguna víctima la sigue sin descanso y la ataca por sorpresa. También depreda animales enfermos, se apropia de los que han caído en las trampas de los cazadores y no desprecia la carroña.

PRINCIPALES PRESAS

 Renos

 Ardillas

 Alces

 Aves

 Castores

 Insectos

- Su extraordinaria fuerza y potente musculatura, así como su extremada ferocidad, le permiten atacar a presas mucho más grandes que él.

50 ÁGUILA REAL

Ave de presa

Su área de distribución abarca gran parte de América del Norte, Eurasia y norte de África.

- En casi toda su área de distribución, esta rapaz ha conseguido mantener una población estable gracias a su gran capacidad de adaptación al medio, llegándose a alimentar de carroña cuando escasean las presas vivas.
- Localiza a sus presas volando alto u observando el terreno desde un lugar elevado. Cuando detecta una, se deja caer en un vuelo picado, con las alas plegadas hacia arriba y las garras por delante para atenazarla y darle muerte con el pico.
- Para cazar, el águila real está dotada de las armas típicas de las aves rapaces:

PRINCIPALES PRESAS

- Crías de jabalí
- Liebres
- Aves
- Ratones
- Serpientes
- Zorros

Nombre científico	*Aquila chrysaetos*
Peso	unos 5 kg
Actividad	rapaz diurna

PRINCIPALES PRESAS

 Carroña

 Aves pequeñas

 Conejos

 Huevos de aves

 Roedores

51 CÓNDOR Gigante volador

Es el ave de presa de mayor tamaño que existe y vive a lo largo de la cordillera andina y en los territorios costeros del Pacífico de América del Sur.

Nombre científico	*Vultur gryphus*
Peso	7-15 kg
Actividad	Diurna

- En ocasiones, caza animales pequeños, a los que golpea repetidamente con el pico para matarlos, ya que no tiene unas garras fuertes, como otras rapaces.
- Se alimenta sobre todo de carroña, pudiendo llegar a recorrer diariamente hasta 200 km para encontrar los cadáveres de animales grandes, como venados, llamas o ñandúes.

52 LOBO GRIS Envuelto en leyendas

Nombre científico	*Canis lupus*
Peso	23-80 kg
Actividad	Diurna y nocturna

Vive tanto en zonas de montaña o en terrenos abruptos como en zonas de monte bajo de Eurasia y América del Norte.

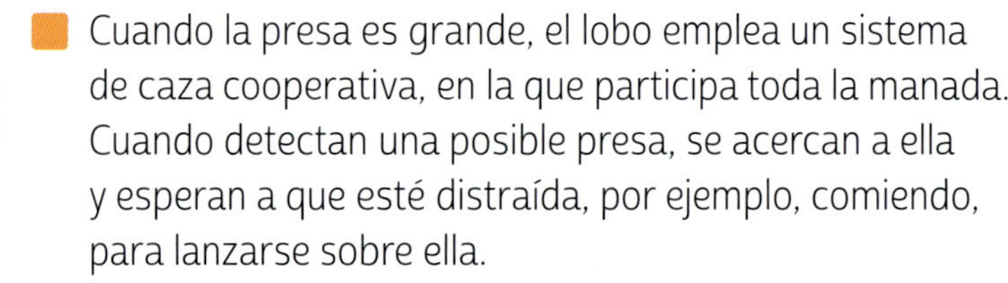

- Cuando la presa es grande, el lobo emplea un sistema de caza cooperativa, en la que participa toda la manada. Cuando detectan una posible presa, se acercan a ella y esperan a que esté distraída, por ejemplo, comiendo, para lanzarse sobre ella.
- Si la presa es de pequeño tamaño, la caza suele realizarla en solitario.

PRINCIPALES PRESAS

 Cabras

 Conejos

 Ciervos

 Zorros

 Bueyes almizcleros

 Ratones

53 OSO POLAR El coloso del frío

Nombre científico	*Ursus maritimus*
Peso	150-450 kg
Actividad	Diurna

Este enorme animal, uno de los carnívoros terrestres más grandes del planeta, es el único superdepredador ártico. Su hábitat natural se extiende por las zonas que rodean el Polo Norte.

- Aunque es un extraordinario nadador, no suele cazar a sus presas en el agua, sino en tierra firme o en las banquisas de hielo flotante. Para localizarlas emplea su finísimo olfato.

- Para cazar focas adultas o mamíferos marinos, como la beluga, el oso permanece inmóvil junto al orificio de respiración que estos animales abren en el hielo. Cuando salen a respirar, el oso los atrapa.

La cabeza es pequeña, contrastando con el cuello, considerablemente más largo.

El pelaje es de color blanco o marfileño, lo que le proporciona un perfecto camuflaje con el ambiente.

El cuerpo es alargado y la cola muy corta. Las patas son cortas y fuertes, y terminan en unas manos muy anchas, peludas y provistas de poderosas garras.

PRINCIPALES PRESAS

Renos

Áraos y alcas

Belugas

Lemmings

Crías de focas y morsas

Para no morir congelado en las frías aguas polares, ha impermeabilizado su pelaje y desarrollado una formidable capa aislante de grasa bajo la piel.

- Otra técnica consiste en acercarse sigilosamente a su presa por la espalda o por un costado y en el momento apropiado lanzar un ataque a gran velocidad.

54 LEOPARDO DE LAS NIEVES

Superdepredador en el techo del mundo

Vive en las agrestes montañas de Asia Central, principalmente en el Himalaya y en la meseta tibetana, entre los 3 000 y los 6 000 m de altitud.

- Es un depredador muy sigiloso y extraordinariamente fuerte, que puede capturar presas que triplican su propio peso.
- El color de su pelaje le convierte en un auténtico maestro del camuflaje, cualidad que utiliza para acercarse a sus presas sin ser visto.

PRINCIPALES PRESAS

Ciervos

Marmotas

Íbices

Ardillas

Cabras azules

Musarañas

Cuerpo fuerte, musculoso y de aspecto muy compacto.

La cola muy peluda y larga (hasta 1 m de longitud); cuando descansa la enrolla alrededor del cuerpo para protegerse del frío.

El pelaje es muy denso, de color blanco grisáceo con grandes manchas negras.

Las plantas de las patas son muy anchas y están recubiertas de piel, actuando como unas raquetas para caminar sobre la nieve.

- Es un cazador astuto y solitario, que acecha a sus presas, les tiende una emboscada y salta sobre ellas para abatirlas. Las mata por estrangulación, mordiéndoles en el cuello.

Nombre científico	*Panthera uncia*
Peso	22-55 kg
Actividad	Diurna y nocturna

55 FOCA LEOPARDO

Depredador marino

Vive en las costas antárticas y del hemisferio sur. Está considerada como el segundo superdepredador antártico, después de la orca.

- Este agresivo depredador ataca a sus presas dentro del agua, no a demasiada profundidad, les clava sus largos y agudos caninos para sujetarlas y las despedaza. En ocasiones, las espera bajo una plataforma de hielo y las atrapa justo cuando saltan al agua.

Nombre científico	*Hydrurga leptonyx*
Peso	350 kg
Actividad	Diurna

PRINCIPALES PRESAS

 Calamares

 Peces

 Focas cangrejeras

 Krill

 Pingüinos emperador

- Localiza a sus presas gracias a la vista y el olfato, que son sus sentidos más desarrollados.

56 HALCÓN GERIFALTE

Certero y rápido matador

Nombre científico	*Falco rusticolus*
Peso	1,5 kg
Actividad	Diurna

Es el más grande de todos los halcones y vive en la taiga, la tundra y las regiones polares, en las zonas más septentrionales del hemisferio norte.

- Divisa a sus presas desde el aire y entonces se lanza sobre ellas en un rápido vuelo en picado o las atrapa persiguiéndolas a gran velocidad.

- Siempre mata a sus presas en tierra, incluso cuando son aves capturadas al vuelo. Las sujeta con sus garras y las mata clavándoles en la nuca su ganchudo pico, que va provisto de un «diente».

PRINCIPALES PRESAS

 Musarañas

 Gaviotas

 Marmotas

 Gansos

 Perdices nivales

57 TORTUGA CAIMÁN

Nombre científico	*Macrochelys temminckii*
Peso	unos 80 kg
Actividad	Caza con mayor frecuencia de noche

Mordida poderosa

Esta especie vive en ríos de América del Norte y el noreste de México.

- A pesar de todo, no es un animal muy agresivo y solo muerde cuando caza, come o se siente en peligro.

- Esta tortuga, en el extremo de la lengua, tiene un apéndice que imita la forma de un gusano, cuya finalidad es atraer a los peces de los que se alimenta. Se mantiene inmóvil en el fondo del agua con la boca abierta, moviendo la lengua para atraer a sus presas. Cuando una se acerca, la cierra con gran velocidad y fuerza.

PRINCIPALES PRESAS

- Insectos
- Cangrejos
- Pequeños mamíferos
- Peces
- Langostas

58 RANA TORO AFRICANA

Nombre científico	*Pyxicephalus adspersus*
Peso	2 kg
Actividad	Nocturna

Carnívora y voraz

Se trata de uno de los anfibios más grandes que existen. Vive en hábitats cercanos al agua, en el África subsahariana.

- Su voracidad no conoce límites, llegando en ocasiones a mostrar un comportamiento caníbal, comiéndose a sus propios renacuajos.

- Pasa la mayor parte del día parcialmente enterrada, dejando expuesta solo la nariz, a la espera de que alguna presa pase cerca de ella. En la mandíbula inferior cuenta con dos salientes en forma de colmillo.

PRINCIPALES PRESAS

 Roedores

 Otras ranas

 Aves pequeñas

 Arañas

 Lagartijas

 Insectos (grillos, saltamontes...)

59 ÁGUILA PESCADORA

Dieta de pescado

Habita siempre cerca del agua, tanto de grandes lagos como en la costa, y se distribuye por todo el mundo, excepto en las regiones polares y en Nueva Zelanda.

- Esta ave puede cerrar sus orificios nasales para evitar el paso del agua cuando se sumerge durante unos instantes debido a la violencia de sus picados.

PRINCIPALES PRESAS

 Lucios
 Carpines
 Percas
 Besugos

- Su técnica de caza es singular: cuando localiza una presa cerca de la superficie del agua, se mantiene suspendida en el aire durante unos segundos y después cae en un veloz picado con las garras dirigidas hacia delante y las hinca en la cabeza del pez.

60 PIRAÑA ROJA

El terror de los ríos

Nombre científico	*Serrasalmus nattereri*
Peso	Casi 4 kg
Actividad	Crepuscular y al amanecer

Vive principalmente en los ríos de la cuenca del Orinoco y el Amazonas, en América del Sur.

- Cuando la piraña caza en solitario acecha a presas más pequeñas que ella. Las atrapa con sus numerosos dientes afilados y las muerde con fuerza gracias a la estructura de su mandíbula inferior, que le permite arrancar grandes trozos de carne.

- Si la presa es grande, la piraña caza en grupo, llegando a reunirse en enormes bancos que pueden acabar en unos minutos con presas del tamaño de un caballo.

PRINCIPALES PRESAS

 Anfibios
 Insectos
 Peces de agua dulce
 Pequeños mamíferos
 Gusanos

61 COCODRILO DEL NILO

Una máquina de cazar increíble

Este gran depredador vive en los grandes cursos de agua y en los lagos de África. Es una de las cuatro especies que habita en ese continente.

El cocodrilo es un cazador de emboscada que suele esperar a sus presas permaneciendo inmóvil en la orilla del agua o ligeramente sumergido en ella. En esa posición espera a que algún animal se acerque a beber y cuando este se encuentra desprevenido, el cocodrilo lanza un rápido ataque, lo muerde y lo arrastra al agua, manteniéndole sumergido hasta que se ahoga.

Nombre científico	*Crocodylus niloticus*
Peso	Hasta 1 000 kg
Actividad	Nocturna

La cabeza tiene forma aplanada, con los ojos, los oídos y las fosas nasales situados en la parte más alta.

Cuerpo generalmente de color verdoso oscuro y recubierto de placas óseas.

La cola es larga y muy musculosa, y está dotada de una doble cresta de escamas afiladas.

Es el animal con la segunda mordida más fuerte del planeta, después del cocodrilo de agua salada.

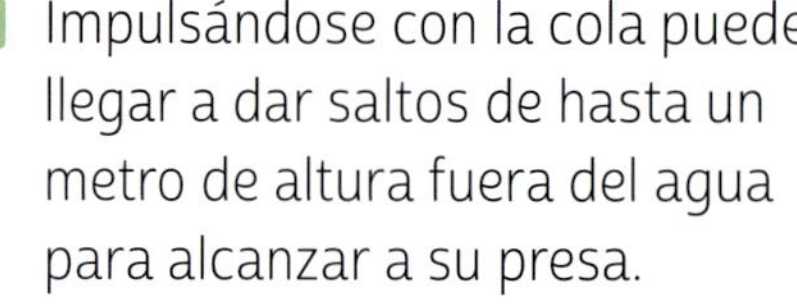

Impulsándose con la cola puede llegar a dar saltos de hasta un metro de altura fuera del agua para alcanzar a su presa.

Boca enorme provista de fuertes dientes que son reemplazados por otros que crecen debajo cuando el desgaste ha sido muy grande.

PRINCIPALES PRESAS

 Cebras

 Garzas goliat

 Antílopes

 Marabúes

 Mangostas

 Varanos

62 SAPO DE CAÑA

Gigante venenoso

Vive cerca de los cursos de agua dulce del continente americano, desde México hasta Perú y la región amazónica.

PRINCIPALES PRESAS

 Roedores
 Arañas
 Caracoles
 Hormigas
 Escarabajos

Detrás de los ojos y a lo largo de la espalda posee glándulas que expulsan un poderoso veneno cuando se siente amenazado; pero no lo emplea para capturar a sus presas.

Localiza a sus presas tanto por el movimiento como por el olfato y le sirve cualquier alimento que puede caberle en la boca. En general, utiliza las patas para agarrar a su víctima o la succiona directamente con la boca.

Nombre científico	*Rhinella marina*
Peso	2,7 kg
Actividad	Nocturna

63 ANGUILA ELÉCTRICA

Mordedura dolorosa

Habita en los ríos de aguas limpias y con fuertes corrientes de México y el norte de América del Sur.

PRINCIPALES PRESAS

 Crustáceos
 Peces pequeños
 Moluscos
 Insectos
 Gusanos de agua dulce

A pesar de su nombre, este pez no es una anguila, pero se parece a ella por la forma. Tiene la capacidad de generar corrientes eléctricas en tres órganos abdominales que ocupan casi todo su cuerpo.

Cuando localiza a una presa, genera una descarga eléctrica que la deja aturdida, inmovilizando sus músculos y actuando sobre su sistema nervioso; ese es el momento que aprovecha para aplicarle su mordida de succión.

Nombre científico	*Electrophorus electricus*
Peso	20 kg
Actividad	Nocturna, principalmente

64 ALIGATOR AMERICANO

Nombre científico	*Alligator mississipiensis*
Peso	90-230 kg
Actividad	Nocturna

El rey de los pantanos

Es uno de los miembros más grandes de la familia de los cocodrilos americanos. Habita en pantanos, ríos y marismas del sudeste de Estados Unidos.

PRINCIPALES PRESAS

 Ratas almizcleras

 Ranas

 Mapaches

 Peces

 Aves

 Tortugas

- Cuando comienza a anochecer, el aligator se sumerge en el agua y espera a que las presas se acerquen a beber. Entonces lanza un rápido ataque, las muerde con sus poderosas mandíbulas y las mantiene bajo el agua hasta que se ahogan.

- Aunque no es lo habitual, también puede atacar a sus presas en tierra, porque llega a correr a una velocidad de hasta 30 km/h, pero tiene que ser una persecución muy corta.

65 VISÓN EUROPEO

En peligro de extinción

Vive cerca de los cursos de agua dulce, formando pequeñas poblaciones aisladas en el continente europeo.

- Es un animal muy ágil y rápido, excelente nadador, buceador y trepador, que lanza sus ataques con precisión y rapidez, no dando oportunidad a sus víctimas para que escapen.

- Se trata de un magnífico cazador, tanto en el agua como en tierra. Suele recorrer las riberas y las orillas del agua para detectar a sus presas, camuflándose perfectamente entre la vegetación.

Nombre científico	*Mustela nutreola*
Peso	550-800 kg
Actividad	Nocturna

PRINCIPALES PRESAS

 Ratas de agua

 Ranas

 Peces

 Moluscos

 Aves de suelo

 Cangrejos

66 LIBÉLULA AZUL

Voraz acróbata del aire

Suele vivir junto a los cursos medios de ríos tranquilos, sin mucha corriente, en Europa, norte de África y Oriente Medio.

PRINCIPALES PRESAS

 Mosquitos

 Abejas

 Moscas

 Larvas

 Polillas

- Es una cazadora voraz que se alimenta de otros insectos, a los que acecha desde el aire y les hace creer que permanece inmóvil. Entonces aprovecha esa ilusión óptica para lanzar un rápido ataque y capturar a la presa con las patas, que tienen el borde armado de púas.

- Sus magníficas cualidades como volador son su principal ayuda en la caza. Puede batir las alas con extraordinaria potencia y a una velocidad de 90 km/h; eso le permite detenerse en el aire, acelerar, girar, volar hacia atrás y hacer otras mil piruetas.

Nombre científico	*Calopteryx splendens*
Peso	600 miligramos
Actividad	Diurna

67 ANACONDA

El abrazo de la muerte

Vive en charcas y pantanos que se mantienen inundados todo el año, extendiéndose por la zona septentrional de América del Sur.

- Mata a sus presas por estrangulación, envolviéndolas con sus anillos y apretando poco a poco su «abrazo» para impedir la entrada de aire y acabar con una muerte por asfixia. Traga a sus presas enteras.

- Espera a sus víctimas en el suelo o colgada de la rama de un árbol, con la cabeza replegada y dispuesta para lanzar un rápido ataque. Este apenas dura algo más de 3 segundos.

PRINCIPALES PRESAS

 Pacas

 Conejos

 Capibaras

 Monos

 Agutíes

 Peces

Nombre científico	*Eunectes murinus*
Peso	25-85 kg
Actividad	Diurna y nocturna

68 PICOZAPATO

Un cazador muy paciente

Esta ave, dotada de un curioso pico, grande y en forma de zapato, vive en los pantanos y humedales del centro de África tropical y oriental.

PRINCIPALES PRESAS

 Ranas

 Peces

 Varanos del Nilo

 Serpientes de agua

 Tortugas

Cuando se encuentra a la distancia apropiada de su presa, lanza un rápido y violento ataque, golpeando a su víctima con su enorme y afilado pico. Sus mandíbulas pueden abrirse mucho para permitirle tragar a sus presas.

Esta ave caza al acecho, acercándose a su presa con enorme paciencia, alternando una serie de zancadas muy lentas con periodos de completa inmovilidad.

Nombre científico	*Balaeniceps rex*
Peso	4-7 kg
Actividad	Nocturna

69 CAIMÁN DE ANTEOJOS

Con afilados dientes

Vive formando grupos numerosos en los bancos de arena de las orillas de los ríos o en los cenagales de las junglas de América central y meridional.

Es un animal muy ágil, que en tierra firme puede llegar a correr con asombrosa rapidez.

Nombre científico	*Caiman crocodilus*
Peso	40 kg
Actividad	Nocturna

PRINCIPALES PRESAS

 Mamíferos

 Culebras

 Peces

 Caracoles

 Aves

 Cangrejos

Utilizan sus afilados dientes para atrapar y sujetar a sus presas. Si son pequeñas, las tragan enteras. Cuando se trata de presas grandes, las arrastran hasta el agua para ahogarlas y las van despedazando.

70 ÁGUILA CALVA

Símbolo e icono

Su hábitat se encuentra estrechamente ligado a las masas de agua continentales y marinas. Se distribuye solo por América del Norte.

- Su dieta se basa principalmente en los peces, pero a diferencia del águila pescadora, no se sumerge en el agua para atraparlos, sino que se limita a lanzar sus rápidos ataques sobre los que se encuentran cerca de la superficie.

La cabeza está recubierta por un plumaje completamente blanco, entre el que destaca el tono amarillo brillante que colorea los iris de los ojos.

El pico es grande, ganchudo, como en todas las aves de presa, y de color amarillo.

El plumaje del cuerpo es de color castaño oscuro.

- En sus picados, lleva las patas extendidas hacia delante para clavar las garras en su presa. Después, mientras la mantiene inmóvil con los dedos delanteros, utiliza la garra del dedo trasero para perforar los órganos vitales de su víctima.

Las patas son amarillas, no tienen plumas y acaban en dedos cortos con grandes garras.

La cola es blanca, ligeramente larga y con una forma de cuña no muy pronunciada.

Nombre científico	*Haliaetus leucocephalus*
Peso	3-6,5 kg
Actividad	Diurna

- A veces, persigue a las águilas pescadoras para robarles sus presas.

PRINCIPALES PRESAS

Anguilas

Arenques

Eideres

Conejos y liebres

Peces voladores

71 TIBURÓN MARTILLO Depredador agresivo

PRINCIPALES PRESAS

 Rayas

 Crustáceos

 Peces

 Calamares/ Sepias/ Pulpos

 Tiburones más pequeños

Nombre científico	*Sphyrna mokarran*
Peso	230-450 kg
Actividad	Nocturna

Vive en las aguas templadas y tropicales de todo el mundo, tanto cerca como lejos de las costas.

- Cuando ha localizado una presa se sitúa debajo de ella y lanza un rápido ataque proyectando su boca abierta, para cerrarla inmediatamente, clavarle sus numerosos y afilados dientes y matarla.
- Su peculiar cabeza, con forma de mazo, va provista de unos órganos sensoriales que le permiten rastrear el fondo del océano y localizar a sus presas.

72 PULPO Monstruo de ocho brazos

Nombre científico	*Octopus vulgaris*
Peso	20 kg
Actividad	Nocturna

Habita en los fondos rocosos del mar Mediterráneo y el Atlántico oriental. Pasa la mayor parte del día oculto en grietas u oquedades, de las que solo sale para cazar.

- Localiza a sus presas desplazándose por el fondo marino con la ayuda de sus ocho brazos o nada tras ellas propulsándose a chorro.
- Para cazar una presa se abalanza sobre ella, la rodea y sujeta con sus largos tentáculos provistos de ventosas y atraviesa su piel o su caparazón con el par de poderosas mandíbulas en forma de pico de loro con las que va armada su boca.

PRINCIPALES PRESAS

 Bogavantes/Langostas

 Mejillones

 Peces

 Almejas

 Quisquillas

73 PEZ ARQUERO

Francotirador marino

Algunas especies son marinas, mientras que otras habitan en cursos de agua dulce. Se distribuyen desde la India hasta la Polinesia.

Nombre científico	*Toxotes sp.*
Peso	300-350 gr
Actividad	Diurna

PRINCIPALES PRESAS

 Insectos

 Gusanos acuáticos

 Quisquillas

 Zooplancton

 Larvas de insectos

- Este pez emplea una técnica sorprendente para conseguir a sus presas favoritas, los insectos: con la boca les dispara un chorro de agua a presión que los derriba y les hace caer para que él pueda devorarlos.

- Ese «disparo» certero puede alcanzar una distancia de hasta 1,5 m y lo realiza como si su boca fuera un cañón, impulsando el agua con la lengua y haciéndola correr por un surco que recorre la boca.

74 BALLENA JOROBADA

Gigante acrobático

Nombre científico	*Megaptera novaeangliae*
Peso	25 000-30 000 kg
Actividad	Crepuscular

Se trata de una de las ballenas más grandes que existen. Es común verla realizando increíbles saltos fuera del agua en todos los océanos y mares del mundo.

- La inteligencia de este animal se evidencia al observar su técnica de caza: varios miembros se reúnen para girar por debajo de un banco de peces, mientras expulsan burbujas de aire en las que quedan atrapadas sus presas.

- Para tragarlas, la ballena abre la boca y permite que se llene de agua, expulsándola después tras haberla filtrado a través de las 400 placas o «barbas» que cuelgan de la mandíbula superior y en las que queda atrapado el alimento.

PRINCIPALES PRESAS

 Caballas

 Bacalaos

 Arenques

 Anchovetas

 Krill (crustáceos pequeños)

75 PEZ LEÓN Llamativo y venenoso

Nombre científico	*Pterois antennata*
Peso	Sobre 500 gr
Actividad	Nocturna

Vive en lagunas costeras y arrecifes coralinos del océano Índico y el Pacífico occidental.

- Se trata de un depredador muy voraz y un hábil cazador, que aprovecha su color y la forma del cuerpo para camuflarse y así poder acechar a su presa sin ser visto. Cuando la tiene cerca, se mueve rápidamente hacia ella, la succiona y la engulle.

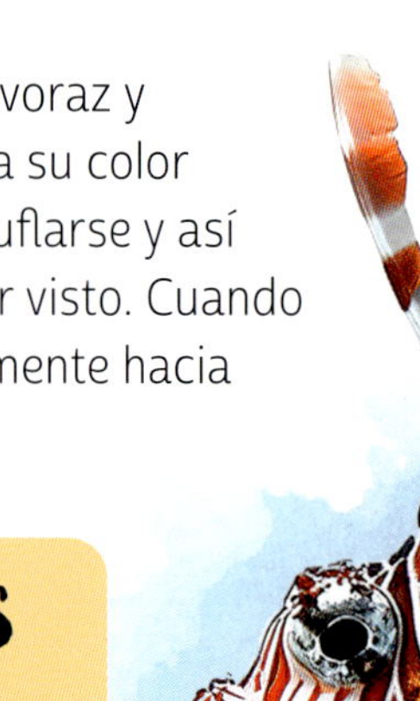

PRINCIPALES PRESAS

Peces loro

Otros peces pequeños

Peces doncella

Camarones

Peces cardenal

Cangrejos

Nombre científico	*Laticauda colubrina*
Peso	Unos 12 kg
Actividad	Diurna y nocturna

76 COBRA MARINA

Sigilosa matadora

Vive en los mares tropicales del Índico y el Pacífico. Su veneno es más tóxico que el de cualquier serpiente terrestre.

- A pesar de tener un veneno muy potente, la cobra marina se tiene que conformar con presas no demasiado grandes, ya que sus mandíbulas no pueden abrirse demasiado. Las presas, tras ser mordidas, mueren en poco tiempo.

- La forma de su cuerpo, similar a la de una anguila, le permite nadar entre los corales tropicales para localizar a sus presas. Puede permanecer sumergida hasta 5 horas, aunque después debe subir a la superficie para respirar.

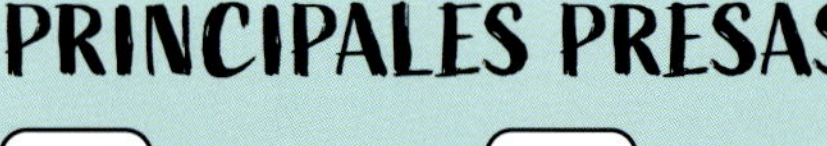

PRINCIPALES PRESAS

Peces

Gambas

Huevos de peces

Cangrejos

Moluscos

77 BELUGA

La ballena blanca

Es un cetáceo perfectamente adaptado para vivir en los mares árticos, donde forma grupos de entre cinco y doce individuos.

Nombre científico	*Delphinapterus leucas*
Peso	700-1500 kg
Actividad	Diurna y nocturna

- Las vértebras del cuello no están fusionadas entre sí, lo que mejora su campo visual para localizar a las presas y le permite que, a pesar de su tamaño, pueda maniobrar con gran facilidad para perseguirlas.
- Aunque tiene dientes, no los emplea para masticar a sus presas, sino para agarrarlas, inmovilizarlas y desgarrarlas. Después, traga los pedazos enteros.

PRINCIPALES PRESAS

Bacalaos del Ártico

Camarones

Salmones

Calamares

Lenguados

Gusanos marinos

78 AGUJA DE MAR

Veloz dardo de plata

Este pez vive en las aguas del Mediterráneo y el Atlántico oriental, siempre próximo a la superficie, formando pequeños bancos.

Nombre científico	*Belone belone*
Peso	1 kg
Actividad	Diurna

- Es un ágil nadador que busca a sus presas desplazándose por el agua a gran velocidad y con movimientos muy similares a los de las serpientes. Cuando es él quien se siente amenazado, escapa dando grandes saltos fuera del agua.
- Este voraz depredador tiene unas larguísimas mandíbulas armadas con numerosos y afilados dientes que emplea para cazar a sus presas, a las que ataca lateralmente.

PRINCIPALES PRESAS

Caballas

Arenques

Sardinas

Calamares

Camarones

79 COCODRILO MARINO Invisible y eficaz cazador

Es el cocodrilo de mayor tamaño de la familia y el reptil más grande del planeta. Vive en el océano Índico, desde la India hasta Australia.

- No es selectivo en cuanto a las presas, pues come lo que encuentra. Y aunque es un superdepredador, no se muestra excesivamente voraz, ya que puede sobrevivir con poco alimento.
- Espera a su víctima medio sumergido en el agua, y cuando esta se acerca a beber o pasa cerca del invisible cazador, la atrapa con sus poderosas mandíbulas y la arrastra dentro del agua para ahogarla.

A pesar de su corpulencia es un veloz nadador, que solo con el impulso de la fuerte musculatura de la cola puede avanzar ¡hasta 4 m!

El hocico es bastante ancho y está provisto de 66 dientes, que pueden alcanzar los 13 cm de largo.

Los ojos se cubren con una membrana transparente que les protege cuando se sumerge, pero no le impide la visión.

La coloración del dorso varía con la edad: de adulto es verdoso muy oscuro y de joven, amarillo pálido combinado con rayas negras y manchas.

Nombre científico	*Crocodilus porosus*
Peso	450-1500 kg
Actividad	Crepuscular

El cuerpo está cubierto por escamas ovaladas y pequeñas placas.

PRINCIPALES PRESAS

 Búfalos

 Aves marinas

 Orangutanes

 Serpientes de agua

 Canguros

 Tortugas

80 CACHALOTE

Inspirador de Moby Dick

Este mamífero acuático es el cetáceo dentado más grande que existe. Vive en los mares cálidos y templados de todo el mundo, generalmente formando pequeños grupos.

- Es un depredador activo, el más grande que existe. Emite unos sonidos potentísimos, similares a chasquidos, que al parecer le sirven para detectar y aturdir a sus presas.
- El cachalote es capaz de sumergirse hasta los mil metros de profundidad para capturar a sus presas, con inmersiones que pueden durar 90 minutos. Todo un récord entre los mamíferos marinos.

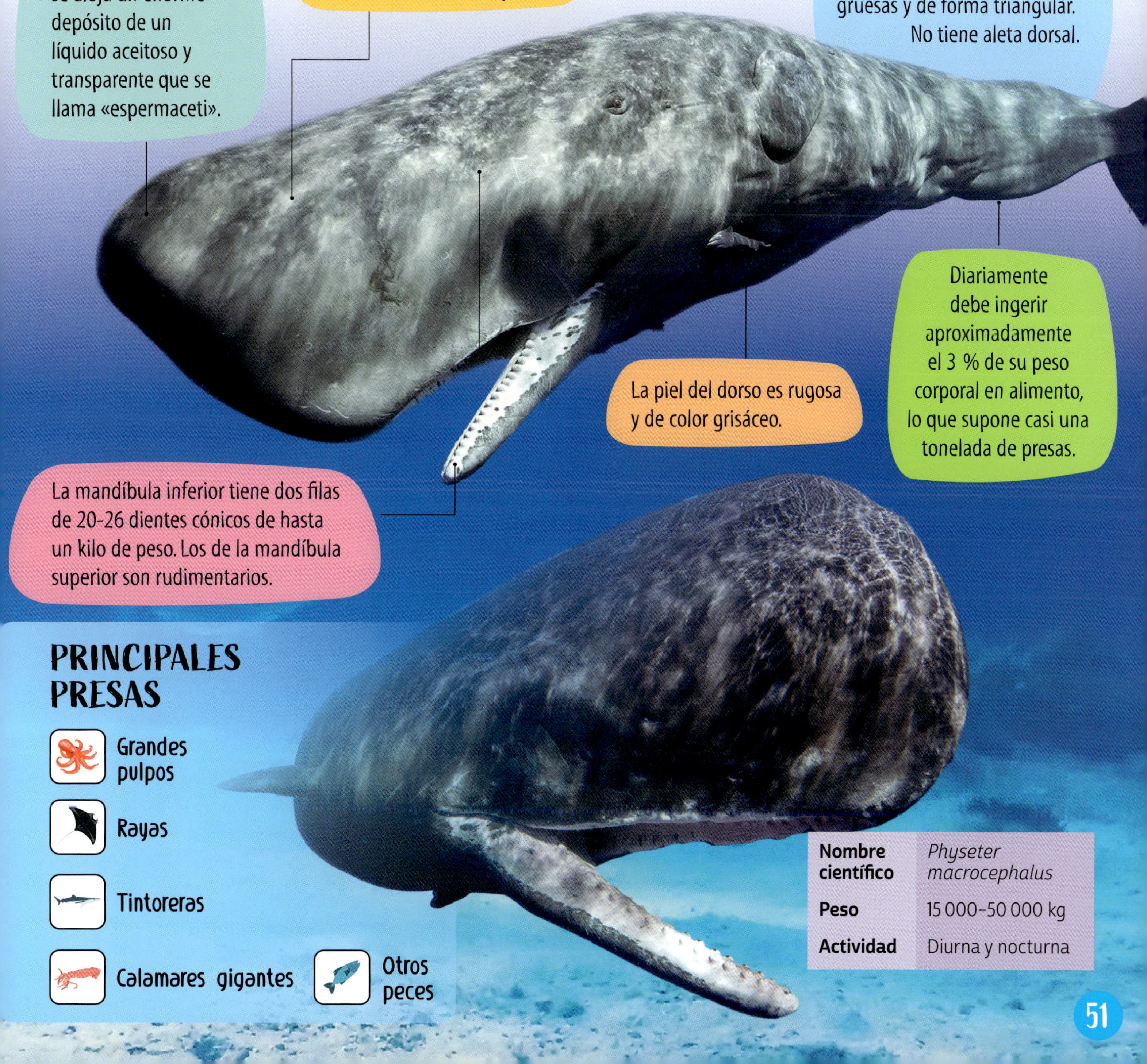

Entre los huesos del cráneo y la piel se aloja un enorme depósito de un líquido aceitoso y transparente que se llama «espermaceti».

La cabeza es enorme, llegando a alcanzar una longitud igual a la de un tercio del cuerpo.

Las aletas posteriores son muy gruesas y de forma triangular. No tiene aleta dorsal.

Diariamente debe ingerir aproximadamente el 3 % de su peso corporal en alimento, lo que supone casi una tonelada de presas.

La piel del dorso es rugosa y de color grisáceo.

La mandíbula inferior tiene dos filas de 20-26 dientes cónicos de hasta un kilo de peso. Los de la mandíbula superior son rudimentarios.

PRINCIPALES PRESAS

- Grandes pulpos
- Rayas
- Tintoreras
- 
-  Calamares gigantes
-  Otros peces

Nombre científico	*Physeter macrocephalus*
Peso	15 000-50 000 kg
Actividad	Diurna y nocturna

81 PEZ VÍBORA DEL PACÍFICO

Francotirador marino

- Para atraer a sus presas se vale de unos órganos, situados en su vientre, que emiten luz en medio de la oscuridad de las profundidades abisales del océano.

Vive entre los 1 000 y los 4 000 m de profundidad, en completa oscuridad, en el océano Pacífico Norte.

- Las presas se acercan a ese «foco luminoso» en que se convierte el pez víbora y antes de que se den cuenta, ya les ha atravesado el cráneo con sus largos y afiladísimos dientes. Para tragar a las presas tiene que dislocar la mandíbula.

Nombre científico	*Chauliodus marconi*
Peso	13 gr
Actividad	Diurna y nocturna

PRINCIPALES PRESAS

 Peces

 Calamares pequeños

 Camarones

 Gusanos flecha

82 AVISPA DE MAR

Tentáculos letales

Esta medusa se considera el animal más venenoso, letal y con mayor peligro del mundo. Vive en las costas de Australia, Nueva Guinea, Filipinas y Vietnam.

- Las células urticantes de sus tentáculos producen un veneno tan potente que mata a sus presas al instante. De ese modo, no existe lucha y así no corre el riesgo de que se dañen sus tentáculos, que son muy delicados.

Nombre científico	*Chironex fleckeri*
Peso	Unos 250 gr
Actividad	Nocturna

- Su veneno puede matar a una persona en tres minutos. La letalidad de este veneno va aumentando con la edad del animal.

PRINCIPALES PRESAS

 Peces

 Otras medusas

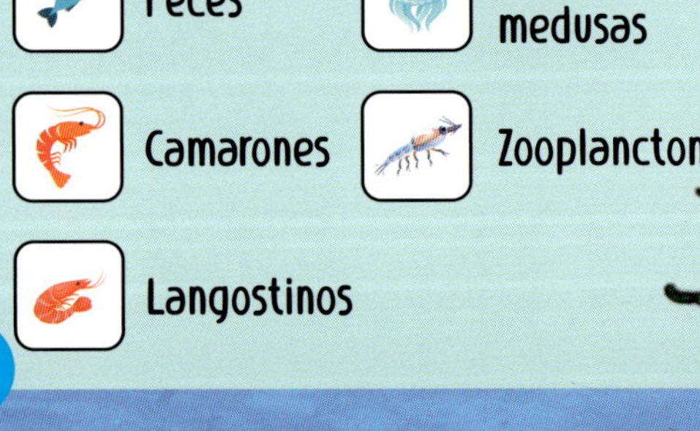

Camarones

Zooplancton

 Langostinos

83 NUTRIA MARINA

Diestro y hábil cazador

Nombre científico	*Enhydra lutris*
Peso	15-45 kg
Actividad	Diurna

Es un animal típicamente costero, que no suele adentrarse ni en tierra ni en alta mar. Habita en las costas americanas y asiáticas del Pacífico Norte.

Busca a sus presas realizando inmersiones cortas y es el único mamífero marino capaz de levantar las piedras del fondo para encontrar y desenterrar algún bocado exquisito. Lo hace con las patas delanteras, que también le sirven para atrapar a los peces.

PRINCIPALES PRESAS

 Lapas

 Pulpos

 Cangrejos

 Erizos de mar

 Mejillones

 Peces

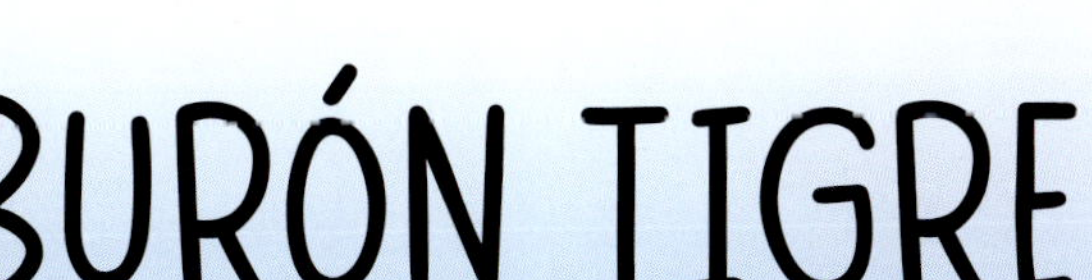

84 TIBURÓN TIGRE

Agresivo e imprevisible

Este superdepredador oceánico habita en las aguas cálidas y templadas de todos los mares del mundo.

Su boca es de gran tamaño y está provista de dientes grandes, puntiagudos y con el borde aserrado, que le permiten triturar hasta los huesos y los caparazones más duros de sus presas.

PRINCIPALES PRESAS

 Delfines

 Rayas

 Tortugas

 Calamares

 Serpientes marinas

 Caracoles marinos

Se acerca a sus presas desde abajo, aprovechando el perfecto camuflaje que en el agua le proporciona la coloración de la piel del dorso, que es azulada o verdosa.

Nombre científico	*Galeocerdo cuvier*
Peso	Hasta 1 500 kg
Actividad	Nocturna

85 ESTRELLA DE MAR ROJA

Feroz carnívoro submarino

Nombre científico	*Echinaster sepositus*
Peso	Unos 65 gr
Actividad	Diurna

Habita en los fondos pedregosos del noreste del Atlántico y en el mar Mediterráneo. Es un animal extremadamente voraz, aunque no posea ningún órgano especial de ataque.

PRINCIPALES PRESAS

 Ostras

 Esponjas

 Mejillones

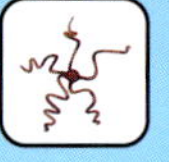 Ofiuras

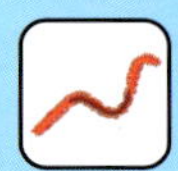 Gusanos marinos

- Cuando localiza una presa grande, se arroja sobre ella y la rodea con sus tentáculos. Después, saca su estómago al exterior y derrama sobre su víctima jugos gástricos.

- Si la presa es pequeña, se la traga entera y completa la digestión en el interior de su estómago.

86 PEZ GLOBO

Maestro en defensa

Es un típico habitante de los arrecifes coralinos del océano Índico, aunque también está presente en el Atlántico y el Pacífico.

Nombre científico	*Diodon hystrix*
Peso	Hasta 2,8 kg
Actividad	Nocturna

- Es un animal agresivo y venenoso que cuenta con cuatro dientes delanteros, grandes, fuertes y en forma de pico, que emplea para triturar las conchas o el caparazón de sus presas.

- Cuando se siente amenazado, se hincha rápidamente aspirando agua o aire y adquiere una forma esférica, logrando que las espinas que recubren su piel adopten una disposición de defensa.

PRINCIPALES PRESAS

 Peces pequeños

 Erizos de mar

 Almejas

 Esponjas

 Caracoles marinos

 Gusanos acuáticos

87 MORENA COMÚN

Carnívora y agresiva

Vive escondida en grietas y cavidades de las aguas costeras, en el mar Mediterráneo y en el Atlántico oriental, desde el archipiélago británico a Senegal.

La cabeza es muy estrecha y se alarga formando un morro. Los ojos son pequeños.

PRINCIPALES PRESAS

 Peces

 Pulpos

 Cangrejos

 Sepias

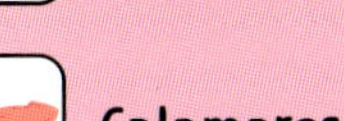 Calamares

Nombre científico	*Muraena helena*
Peso	Más de 15 kg
Actividad	Nocturna

Tiene una aleta dorsal muy larga, que comienza en la cabeza, recorre su cuerpo y se une a la aleta de la cola.

La piel es entre gris y marrón, con pequeñas manchas, creando un patrón de coloración que le ayuda a camuflarse.

Su cuerpo tiene forma alargada, como la anguila, lo que le permite moverse con facilidad entre las grietas de las rocas.

- Es un animal muy territorial y agresivo. Si muerde a una persona puede llegar a arrancarle los dedos o producirle un grave desgarro en los músculos.

La boca es muy larga y fuerte, y va provista de dientes largos y puntiagudos.

- Su método para agarrar a sus presas es único entre los animales ya que, además de poseer las mandíbulas habituales de los peces, tiene otras mandíbulas faríngeas, también armadas con dientes, que lanza hacia delante para capturar y retener a su víctima.

- Acecha a sus presas permaneciendo escondida e inmóvil en las grietas de las rocas y detecta su cercanía por el olfato, que es su sentido más desarrollado. Ese es el momento que elige para lanzar un rápido ataque.

88 TIBURÓN BLANCO

El mayor depredador del mundo

A este peligroso y voraz depredador se le puede encontrar en las aguas templadas y tropicales de casi todo el planeta.

Nombre científico	*Carcharodon carcharias*
Peso	650-1 500 kg
Actividad	Crepuscular

La aleta dorsal está muy desarrollada y tiene una forma muy característica. En los costados de la cabeza se abren cinco hendiduras branquiales.

La mordedura de este tiburón es 20 veces más fuerte que la de un ser humano.

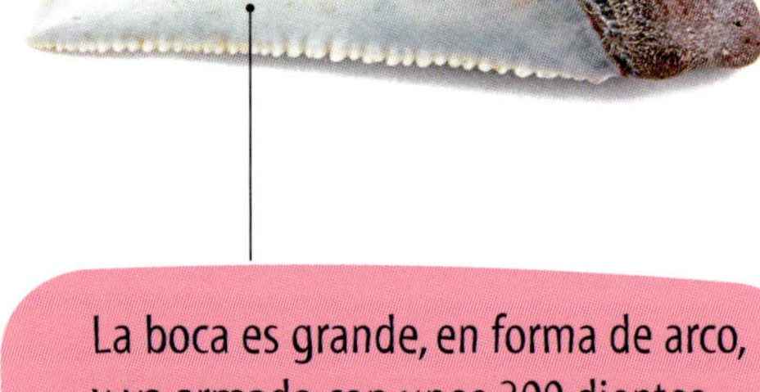

La boca es grande, en forma de arco, y va armada con unos 300 dientes triangulares de unos 6 cm de largo y con los bordes aserrados.

Este animal practica la emboscada para capturar a su presa: se sitúa varios metros por debajo de ella y en el momento adecuado avanza rápidamente hacia arriba con la boca abierta, impactándola en el vientre y mordiéndola.

Las presas más pequeñas las engulle enteras, mientras que de las más grandes va arrancando enormes pedazos que traga enteros, pues no puede masticar.

La coloración del dorso es grisácea, desde clara a negruzca, mientras que el vientre es blanco.

Su cuerpo en forma de torpedo y su potente cola le ayudan a desplazarse a una velocidad de hasta 50 km/h.

PRINCIPALES PRESAS

 Delfines

 Atunes

 Focas

 Aves marinas

 Calamares

 Tortugas marinas

89 RAPE Una boca enorme

Existen más de 200 especies de rape, que viven en las profundidades de casi todos los océanos y mares del mundo.

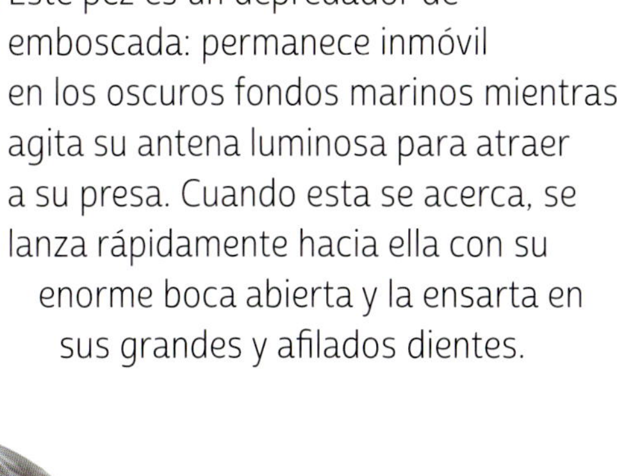

- Este pez es un depredador de emboscada: permanece inmóvil en los oscuros fondos marinos mientras agita su antena luminosa para atraer a su presa. Cuando esta se acerca, se lanza rápidamente hacia ella con su enorme boca abierta y la ensarta en sus grandes y afilados dientes.

Nombre científico	*Lophiidae*
Peso	Unos 30 kg
Actividad	Diurna y nocturna

PRINCIPALES PRESAS

 Peces

 Crustáceos

- Solo caza la hembra, pues en la mayoría de las especies el macho es diminuto y vive como parásito de ella, agarrado a su piel con los dientes.

90 GUSANO BOBBIT

Asaltador submarino

Nombre científico	*Eunice aphroditois*
Peso	Hasta 3 m
Actividad	Nocturna

Este gusano gigante vive enterrado entre la arena y los corales del fondo marino en los océanos Índico y Pacífico.

- Su técnica de caza es la emboscada. El gusano permanece con el cuerpo semienterrado y espera pacientemente a que alguna de las antenas que tiene en la cabeza detecte la presencia de alguna presa.

PRINCIPALES PRESAS

 Pintarrojas

 Calamares

 Peces

 Pulpos

 Crustáceos

- Cuando la presa está muy cerca, rápidamente se lanza contra ella y la golpea muy fuerte con las mandíbulas, clavándole sus hileras de dientes. Una vez que tiene bien sujeta a su víctima, la arrastra hasta su madriguera bajo tierra.

91 TIBURÓN BALLENA

Un gigante amistoso

Se trata del pez más grande del mundo y vive en los océanos y mares tropicales y subtropicales del mundo.

- Sus dientes son muy pequeños y no intervienen en el proceso de alimentación. Esta se realiza por un sistema de filtración: succiona una gran cantidad de agua, cierra la boca y las branquias actúan como un filtro que no deja escapar a las presas que haya tragado.

PRINCIPALES PRESAS

 Calamares

 Anchoas

 Sardinas

 Krill

 Larvas de cangrejos

Nombre científico	*Rhincodon typus*
Peso	Más de 20 000 kg
Actividad	Diurna y nocturna

92 PEZ ESCORPIÓN

Nombre científico	*Scorpaenidae*
Longitud	Hasta 50 cm
Actividad	Diurna y nocturna

Puñales venenosos

Esta familia de peces agrupa unas 200 especies que tienen en común la posesión de glándulas de veneno en los radios de las aletas. Viven en los mares templados y tropicales.

- Suele esperar pacientemente a sus presas y cuando detecta a una se dirige rápidamente hacia ella, la acorrala con sus aletas pectorales y se la traga con su enorme boca.

- Su cuerpo suele tener un patrón de coloración que le ayuda a camuflarse con el entorno y así es más difícil que sus víctimas le descubran.

PRINCIPALES PRESAS

 Crustáceos

 Caracoles marinos

 Peces

93 CALAMAR GIGANTE

Nombre científico	*Architeuthis sp.*
Peso	120-350 kg
Actividad	Diurno y nocturno

Es el molusco más grande del mundo y uno de los animales más temidos del océano. Vive en las profundidades de todos los océanos, excepto en las zonas árticas y tropicales

 Peces

 Crustáceos

 Otros calamares

Para atrapar a sus presas solo utiliza sus dos tentáculos más largos, que pueden alcanzar los 12 m de longitud. Cada tentáculo tiene ventosas y estas cuentan con algo similar a un anillo con dientes.

94 LEÓN MARINO DE LA PATAGONIA

Ágil y rápido nadador

Este mamífero marino vive formando grandes rebaños en las costas de América del Sur, desde Ecuador hasta la Patagonia en el Pacífico, y desde Uruguay a la Argentina en el Atlántico.

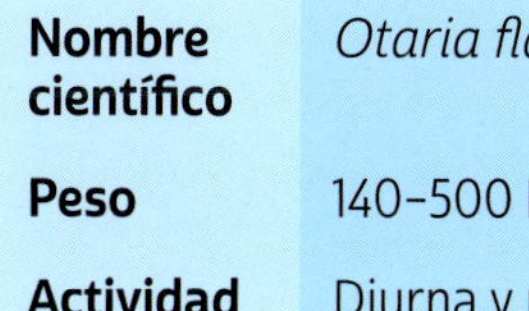

Nombre científico	*Otaria flavescens*
Peso	140-500 kg
Actividad	Diurna y nocturna

Este experto depredador utiliza su aguda visión y sus bigotes, que son muy sensibles, para localizar a sus presas. Necesita comer de 15 a 25 kg de alimento diariamente.

PRINCIPALES PRESAS

 Pulpos

 Pingüinos

 Peces

 Calamares

 Aves marinas

95 CAMARÓN MANTIS ARCOÍRIS

Crustáceo «boxeador»

Nombre científico	*Stomatopoda*
Peso	100 gr
Actividad	Diurna

Sus atractivos colores enmascaran a un animal agresivo y voraz que habita a poca profundidad (hasta 40 m) en fondos marinos del Índico y el Pacífico.

- Es el animal que golpea con mayor velocidad del mundo, alcanzando los 80 km/h, y la fuerza de su pegada es de unos 1500 newton, lo que equivale a la que necesitaría una persona para levantar 30 automóviles.

PRINCIPALES PRESAS

 Cangrejos

 Ostras

 Almejas

 Mejillones

 Caracoles marinos

- Mata a sus presas por aplastamiento con su brazo, muy desarrollado, con forma de garrote.

96 PEZ PIEDRA DE ARRECIFE

Insociable y solitario

Está considerado el más venenoso del mundo y habita en las aguas tropicales de los océanos Índico y Pacífico.

- Los colores marrones y verdosos de su cuerpo le ayudan a camuflarse con las rocas y así sus presas se acercan hasta él sin advertir el peligro. Incluso permite que las algas y las anémonas se instalen sobre su piel para mejorar su «disfraz».

- Es un cazador de emboscada: espera a su presa inmóvil y cuando esta se acerca, en menos de un segundo lanza su enorme boca abierta hacia delante, la succiona y la boca vuelve a su posición inicial.

Nombre científico	*Synanceia horrida*
Peso	Hasta 2 kg
Actividad	Nocturna

PRINCIPALES PRESAS

 Peces pequeños

 Gambas

 Cangrejos

 Calamares/Pulpos pequeños

97 BARRACUDA El tigre de los mares

Nombre científico	*Sphyraena sp.*
Longitud	Hasta 8 kg
Actividad	Diurna y nocturna

Este pez de gran tamaño, carácter hostil y muy voraz, se encuentra en los mares tropicales, en el Atlántico occidental y el Mediterráneo.

PRINCIPALES PRESAS

 Sardinas
 Caballas
 Pejerreyes
 Mújoles
 Camarones
 Pulpos

- Es un experto velocista en distancias cortas, que gracias a la forma hidrodinámica de su cuerpo y a su potente cola, puede acelerar desde cero a 90 km/h en unos pocos segundos.
- Detecta a sus presas gracias a las vibraciones que producen al desplazarse por el agua. Las ataca embistiéndolas a gran velocidad y las desgarra clavándoles con mucha fuerza sus afilados dientes (entre 140 y 200).

98 DELFÍN Inteligente y acróbata

Nombre científico	*Delphinus delphis*
Peso	100-140 kg
Actividad	Nocturna

Este mamífero, uno de los mejor adaptados a la vida en el mar, habita en todos los mares templados y cálidos del mundo.

PRINCIPALES PRESAS

 Arenques
 Calamares
 Gambas
 Agujas de mar
 Bacalaos

- Es un excelente nadador, que puede llegar a alcanzar los 50 km/h de velocidad. También hay que destacar su habilidad para dar unos increíbles saltos que le elevan verticalmente por encima del agua.
- Su boca cuenta con entre 80 y 120 dientes en cada mandíbula. Estos dientes son pequeños, afilados y puntiagudos y le ayudan en la captura de las presas.

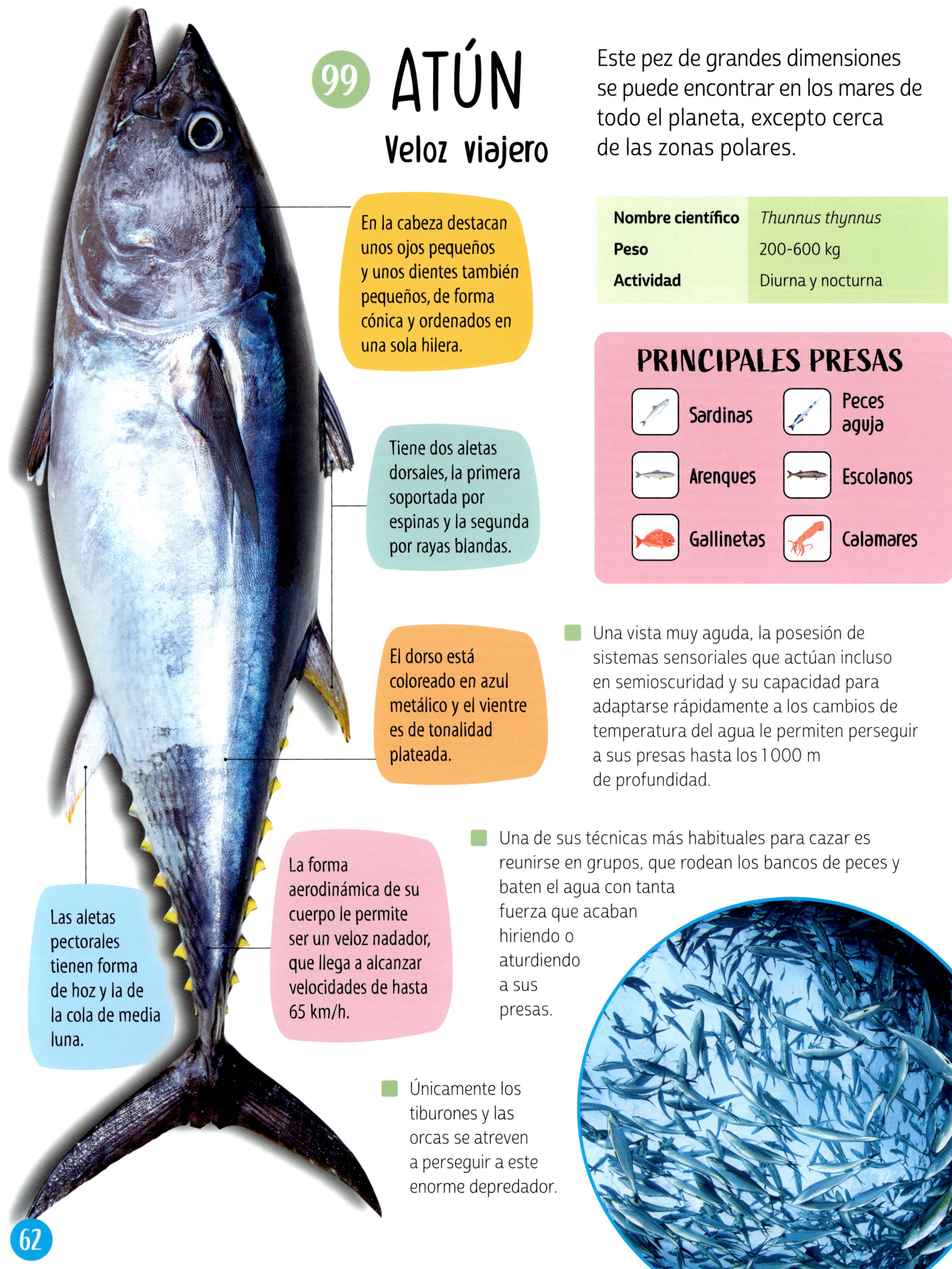

99 ATÚN

Veloz viajero

Este pez de grandes dimensiones se puede encontrar en los mares de todo el planeta, excepto cerca de las zonas polares.

Nombre científico	*Thunnus thynnus*
Peso	200-600 kg
Actividad	Diurna y nocturna

En la cabeza destacan unos ojos pequeños y unos dientes también pequeños, de forma cónica y ordenados en una sola hilera.

Tiene dos aletas dorsales, la primera soportada por espinas y la segunda por rayas blandas.

El dorso está coloreado en azul metálico y el vientre es de tonalidad plateada.

La forma aerodinámica de su cuerpo le permite ser un veloz nadador, que llega a alcanzar velocidades de hasta 65 km/h.

Las aletas pectorales tienen forma de hoz y la de la cola de media luna.

PRINCIPALES PRESAS

- Sardinas
- Peces aguja
- Arenques
- Escolanos
- Gallinetas
- Calamares

- Una vista muy aguda, la posesión de sistemas sensoriales que actúan incluso en semioscuridad y su capacidad para adaptarse rápidamente a los cambios de temperatura del agua le permiten perseguir a sus presas hasta los 1 000 m de profundidad.
- Una de sus técnicas más habituales para cazar es reunirse en grupos, que rodean los bancos de peces y baten el agua con tanta fuerza que acaban hiriendo o aturdiendo a sus presas.
- Únicamente los tiburones y las orcas se atreven a perseguir a este enorme depredador.

100 ORCA

La ballena asesina

Cabeza grande, de hasta un metro de longitud.

Este superdepredador, uno de los más voraces y temibles de cuantos viven en el océano, puede encontrarse en todos los mares del mundo.

- Es un animal muy inteligente, lo que, unido a su fuerza y a la gran velocidad que puede alcanzar nadando, le convierte en un cazador muy hábil.
- Emplea distintas técnicas de caza, desde la persecución prolongada, en la que la víctima sucumbe por agotamiento, hasta los ataques rápidos cuando el animal perseguido, por ejemplo, un pingüino o una foca, disminuye su velocidad para salir a tierra.

La boca es muy amplia y está provista de entre 10 y 14 dientes fuertes, de hasta 13 cm de longitud y con la punta curvada hacia dentro.

Nombre científico	*Orcinus orca*
Peso	3 000–4 000 kg
Actividad	Diurna y nocturna

- Cuando la presa es muy grande, la orca ataca en grupo, embistiéndola y mordiéndola repetidamente hasta que muere desangrada.

La aleta dorsal mide casi dos metros de altura, es erecta y con una perfecta forma de triángulo isósceles.

Posee una coloración muy característica, con la parte superior negra acharolada y la inferior blanca.

Las aletas pectorales también son muy grandes; tienen forma redondeada.

PRINCIPALES PRESAS

 Calamares

 Focas

 Peces

 Delfines

 Pingüinos

 Aves marinas

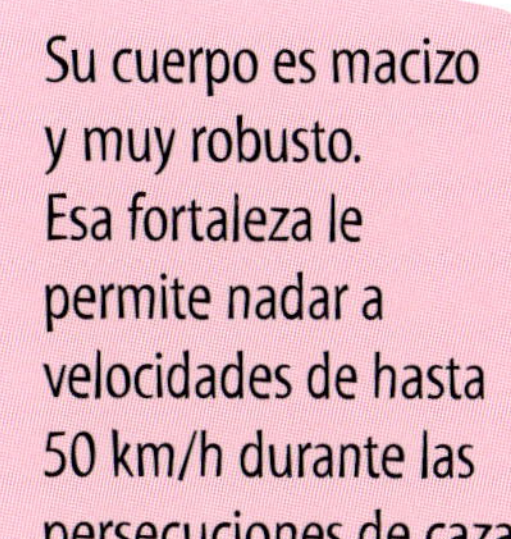

Su cuerpo es macizo y muy robusto. Esa fortaleza le permite nadar a velocidades de hasta 50 km/h durante las persecuciones de caza.

101 SEPIA

Experta en camuflaje

Este voraz e inteligente animal habita en aguas relativamente poco profundas, hasta los 200 m, en zonas con fondos arenosos o fangosos.

- Esta cazadora de emboscada atrapa el alimento lanzando sus dos tentáculos largos con una velocidad enorme; con ellos golpea a la presa y la inmoviliza con las ventosas. Inmediatamente la introduce en la boca y la tritura con su pico córneo.

La cabeza está muy desarrollada y en ella destacan un par de ojos redondos y de anatomía compleja.

Nombre científico	*Sepia officinalis*
Peso	200-350 gr
Actividad	Nocturna

La boca tiene dos mandíbulas córneas en forma de pico de loro.

Su cuerpo es oval y aplanado, con dos expansiones laterales en forma de lámina que le ayudan a desplazarse.

Rodeando la boca se sitúan ocho tentáculos pequeños y otros dos que son tres veces más largos que los anteriores; todos llevan ventosas.

- Cuando detecta una presa, su cuerpo suele emitir bandas de luces brillantes que distraen a su víctima, la cual se queda inmóvil, como si estuviera hipnotizada.

- Tiene la capacidad de poder variar su color para camuflarse y no ser detectada ni por sus presas ni por sus perseguidores.

PRINCIPALES PRESAS

 Cangrejos

 Otros cefalópodos

 Moluscos

 Gusanos marinos

 Peces de pequeño tamaño